Peter Bachér

Das Glück,
auf dieser Welt zu sein

Besinnliche Geschichten

Ullstein

Ullstein Buchverlage GmbH & Co. KG,
Berlin
Taschenbuchnummer: 24145

Ungekürzte Ausgabe
2. Auflage April 1998

Umschlagentwurf:
Theodor Bayer-Eynck
Illustration:
ZEFA-SIS/Linda Montgomery
Alle Rechte vorbehalten
© 1995 by Verlag Ullstein
GmbH & Co. KG, Berlin
Printed in Germany 1998
Druck und Verarbeitung:
Ebner Ulm
ISBN 3 548 24145 X

Vom selben Autor
in der Reihe
der Ullstein Bücher:

Laß uns wieder von der Liebe
reden (20095)
Trotz allem glücklich sein (20443)
Heute ist Sonntag/Und wieder ist
Sonntag (24088)
Und wieder ist Sonntag (23378)
Laß uns wieder von der Liebe
reden/Trotz allem glücklich sein
(23677)
Eine Woche Sonnenschein (23705)
Heute ist Sonntag (23079)

Als gebundene Ausgaben
im Verlag Ullstein:

Heute ist Sonntag
Und wieder ist Sonntag
Laß uns wieder von der Liebe
reden/Trotz allem glücklich sein
Eine Woche Sonnenschein
Das Glück, auf dieser Welt zu sein
Momente der Nähe

Die Deutsche Bibliothek –
CIP-Einheitsaufnahme

Bachér, Peter:
Das Glück, auf dieser Welt zu sein:
besinnliche Geschichten/
Peter Bachér. – Ungekürzte Ausg.,
2. Aufl. – Berlin: Ullstein, 1998
(Ullstein-Buch; Nr. 24145)
ISBN 3-548-24145-X

Inhalt

Der Zauber des Glücks 107

Zeit für leise Töne

Das Mädchen und die Schneeflocke

Sie war nur ganz winzig, die erste Schneeflocke dieses Jahres, aber sie funkelte im Widerschein der Sterne wie ein Diamant.

Denn an dem Abend, da diese Geschichte spielt, war der Himmel von Sternen übersät – es war der Abend der Stillen und der Heiligen Nacht.

Plötzlich aber löste sich die Schneeflocke aus einer der dahinziehenden kleinen Wolken. Es war, als hätte die Erde sie mit magischer Kraft angezogen – sehnten sich nicht alle Menschen jetzt nach einer weißen Weihnacht?

*

Natürlich hatte die Flocke, ohnehin nur eine unter Milliarden, Petrus nicht um Erlaubnis gefragt. Sie wußte nur zu genau: Er hätte ihr den Flug verboten.

Denn Petrus war den Menschen gram: Es gebe immer noch zu viele Streitereien, zu viele Kriege auf dem blauen Planeten, die Menschen hätten »White Christmas« überhaupt nicht verdient, mochte diese Melodie auch noch so oft im Radio zu hören sein.

Also löste sich die Flocke heimlich aus den Wolken, um kurz darauf zur Landung in der großen Stadt anzusetzen. Der Zufall wollte es, daß sie dabei die Stirn eines Kindes berührte, das, gerade von einer Freundin kommend, durch die Dämmerung nach Hause zurücklief.

Schon in der Haustür rief das Mädchen mit einem Jubel in der Stimme, den die Eltern lange nicht mehr so gehört hatten: »Denkt euch nur, es fängt an zu schneien! Es fängt wirklich an zu schneien!«

Aber der Vater, der seinen Blick in die Zeitung versenkt hatte, der auch bei dieser freudigen Nachricht nicht ein einziges Mal aufschaute, sagte nur: » Erzähl doch keine Märchen. Das ist doch nun wirklich gegen jeden Wetterbericht.«

Nun lief das Kind voll heller Aufregung zur Mutter, erzählte von dem Erlebnis auf der Straße, von dem Vater und stellte ihr dann fast verzweifelt die Frage: »Glaubst du mir denn wenigstens?«

Die Mutter spürte sofort, daß sie ungewollt zwischen die Fronten zu geraten drohte. Und natürlich wollte sie auf keinen Fall, daß wenige Minuten vor der Bescherung der weihnachtliche Frieden noch gestört würde.

Und so antwortete sie: »Sicher, mein Kind, natürlich war da eine Schneeflocke, eine ganz voreilige Schneeflocke, die sich zu uns Menschen verirrt hat. Aber warte nur, bald kommen all die anderen Schneeflocken hinterher. Und dann holen wir den Schlitten aus dem Keller.«

Mutter wußte nur zu gut: Vater hatte recht. Physikalisch war das alles gar nicht möglich. Der Winterabend war viel zu warm, die Wettervorhersage für diesen Tag viel zu eindeutig.

Andererseits wußte sie aber: Weihnachten geschehen auch immer wieder Dinge, die man ganz einfach nur glauben muß. Für die man überhaupt keine Erklärungen braucht. Weihnachten ist eben anders als alle anderen Tage.

*

Eines wußte die Mutter genau: daß schon eine einzige winzige Schneeflocke die ganze Glückseligkeit sein kann. Und daß Kinder am Weihnachtsabend immer recht haben ...

Diese seltsame Unruhe vor Weihnachten ...

Nun ist sie wieder über uns gekommen, diese seltsame Unruhe, die sich vor jedem Weihnachtsfest einstellt und die wir aus all den vergangenen Jahren kennen. Und hatten wir uns nicht im vorigen Dezember ganz fest vorgenommen, es diesmal auf keinen Fall so weit kommen zu lassen?

Nichts davon ist eingetreten. Wir irren durch die Geschäfte, suchen das Ausgefallene, Besondere. Wer seine Liebe heute materiell beweisen will, kommt immer mehr in Beweisnot. Aber wir geben nicht auf! Und zu alldem, was wir selbst zu erledigen haben, kommen nun auch noch – mit barmherziger Unbarmherzigkeit – die vorweihnachtlichen Einladungen, und deren scheint es kein Ende zu geben.

Sie kommen zu uns persönlich, telefonisch, schriftlich: die vielen Aufforderungen zu Betriebsfesten, Adventsfeiern mit Kollegen, zu Basaren und Christmetten. Freunde bitten noch schnell zum traditionellen Karpfenessen – das ganze Jahr über wußte man gar nicht, wie viele Freunde man hat, nun erfährt man es. Und dann die lieben Verwandten! Auch sie möchten, daß wir uns »unbedingt vor dem Fest noch einmal sehen«.

Offizielles und Privates mischt sich zu einem ebenso schönen wie anstrengenden Reigen – und irgendwo warten immer Kerzenlicht, Stollen, Lebkuchen und Rotwein.

So sind wir alle in einem Wettlauf – wie die von Terminen bedrängten Steuerberater –, um gleichsam unseren eigenen »Jahresabschluß in Sachen Nächstenliebe und Herzlichkeit« zu einem guten Ende zu bringen.

Denn insgeheim wissen wir natürlich, daß es Nachholbedarf gibt. Die Botschaft der Liebe, die mit dem Heiligen Abend verbunden ist, läßt uns plötzlich fragen: Was haben wir im Laufe des Jahres, das so atemlos dahinraste, in diesem christlichen Sinne nicht alles versäumt, nicht getan, vergessen, verpaßt?

Den »Wärmetod der Gefühle«, von dem Konrad Lorenz einmal sprach – diesen Wärmetod wollen wir nicht erleiden, nicht zulassen! Und das schöne an diesen Tagen ist ja gerade, daß wir nun ganz unverfänglich ein bißchen Herz zeigen dürfen, ohne eines Gefühlsüberschwangs bezichtigt zu werden, was ja völlig unmodern, nicht zeitgemäß, in manchen Augen sogar lächerlich wäre.

Was unserer Generation verlorenging, was frühere Generationen hatten, das ist das behutsame Einschwingen in jene geheimnisvolle, von unstillbarer Vorfreude erfüllte Vorweihnachtszeit. Wer schmückt noch einen ganzen Tag lang seinen Christbaum? Wer hat Zeit, in die alten Bücher zu steigen. »Ein frommer Zauber hält mich nieder, anbetend staunend muß ich stehn, es sinkt auf meine Augenlider, ein goldner Kindertraum hernieder, ich fühl's, ein Wunder ist geschehn«, dichtete Theodor Storm vor hundert Jahren – keiner würde heute jemals solches schreiben können, weil kaum noch einer jemals solche Empfindungen hat.

Erst gestern beklagte sich bei mir ein überlasteter Manager, daß er noch zu fünf Weihnachtsfeiern müsse, »dafür bin ich dann am Heiligen Abend fix und fertig«. Es wäre schön, meinte er, wenn man einen Teil der vielen Einladungen auf den Januar verlegen könnte, er meinte das im Sinne von Effizienz, Terminentzerrung, Manager möchten alles im Griff haben. Und die Gefühle sollen, bitte schön, gehorchen.

Aber das geht eben gerade nicht! Es gibt kein Rezept gegen den Weihnachtsstreß. Und in Wahrheit sehen wir natürlich, daß über diesen Tagen ein Glanz liegt, der mehr ist als nur die festliche Illumination unserer Straßen. Die Stimmung dieser Tage ist eben nur jetzt zu haben!

Also schreiben wir Karten, packen die Geschenke, eilen zu den Einladungen, machen es wie in jedem Jahr – und nehmen uns vor, es ab sofort – spätestens nächstes Jahr – klüger anzufangen, was immer das sein mag.

Nachdem amerikanische Wissenschaftler jetzt sogar herausgefunden haben, daß die Sterblichkeitsrate bis zu sechzig Prozent sinkt, wenn Menschen vor hohen Festtagen stehen, ist auch von dieser Seite gegen den so oft beklagten »Vorweihnachtsrummel« nichts einzuwenden. Nicht nur Freude, auch die Vorfreude schon verlängert das Leben!

Vielleicht sollten wir öfter von uns hören lassen

Als das Telefon klingelte, als ich seinen Namen hörte, unterbrach ich ihn sofort, sagte nur, was der Wahrheit entsprach und was in diesem Augenblick nun doch so seltsam unwirklich klang: »Welch ein Zufall, das ist ja ganz unglaublich, daß du dich ausgerechnet jetzt meldest; ich wollte dich auch gerade anrufen, ich hab' sogar schon einen Zettel auf meinem Schreibtisch liegen, damit ich es nicht vergesse – und nun bist du mir zuvorgekommen.«

Natürlich wußte ich nicht, ob er meiner Erklärung Glauben schenken würde, ich konnte es ja auch nicht erwarten, schließlich ist es Ewigkeiten her, seit wir voneinander hörten.

*

Dabei hatte ich mir Stunden zuvor einige Namen von Menschen notiert, die in der Hast der Tage zwar hin und wieder in meinen Gedanken auftauchten, aber irgendwie – wer weiß eigentlich so genau warum? – war das nie dazu gekommen, das Selbstverständlichste zu tun und einfach ihre Telefonnummer zu wählen, mit der man das gegenseitige Aus-der-Welt-Sein beenden könnte.

Während er mir von seinen Plänen, beruflichen

Veränderungen und Reisen erzählte, während wir lachten und Erinnerungen beschworen, überkam mich dieses traurig stimmende Gefühl, daß es so viele unausgelebte Freundschaften gibt – und dies war eine davon.

Denn plötzlich war alles wieder da: diese wunderbare Übereinstimmung in der Beurteilung all dessen, was rundum mit uns und unserem Leben geschieht.

Wir hatten uns zuletzt in Italien zufällig in den Ferien getroffen, und nun beherrschte der weinselige letzte Abend unser Gespräch, jener samtweiche Abend, an dem wir die Zivilisationshetze verfluchten, an dem wir sogar auf der Rückseite einer Speisekarte exakt, wenn auch spielerisch, ausgerechnet haben, ob wir uns ein »Aussteigen« – und sei es nur auf Zeit – leisten könnten.

Wir waren uns auch darin einig gewesen, daß Friedrich Hebbel nur allzu recht hatte, der einmal schrieb: »Wenn man aus Italien nach Deutschland zurückkommt, hat man ein Gefühl, als würde man plötzlich alt.«

Jetzt spüre ich, daß er mit seinem Anruf von mir nur hören wollte, »ob man das Ganze nicht gemeinsam wiederholen« könne.

Ich schaute in meinen Terminkalender, mußte ihm sagen, daß es beim besten Willen nicht klappen würde, empfand plötzlich Ohnmacht gegenüber einer Freundschaft, die möglich gewesen wäre, hätten er oder ich sie nur mit Leben erfüllt.

Als ich den Hörer auflegte, wußte ich, daß es ihm

genauso erging. »Hoffen wir aufs nächste Jahr«, hörte ich noch, und lachend sagte er es: »Ich werde in der Trattoria an dich denken.«

*

Das ist der ganze Jammer: daß jeder von uns zehn, zwanzig Menschen kennt, mit denen er gerne oft und länger zusammen wäre – aber »die Verhältnisse«, die sind eben leider nicht so.

Vielleicht sollten wir doch öfter von uns hören lassen ...

Das Glück, auf dieser Welt zu sein

Was halten wir nun eigentlich in unseren Händen, am Ende eines Jahres, vor einer neuen Runde in der Hetzjagd unseres Lebens? Ist nicht alles viel zu schnell gegangen, haben wir die Welt der schönen Bilder wirklich genießen können, da doch die schrecklichen Bilder immer wieder sich dazwischendrängten mit Tod und Terror und Gewalt?

Wir halten eines mit Sicherheit in unseren Händen: ein Stück gelebtes Leben. Das ist so wenig nicht, wenn wir nur anerkennen würden, daß es doch für sich selbst schon ein Wunder ist, überhaupt «dabeisein» zu können im großen Weltspektakel.

Wir wissen, wenn wir in den Himmel schauen, wenn wir Sterne sehen: In diesen unvorstellbaren Weiten gibt es kein Leben. Der Mond ist tot. Unser blauer Planet leuchtet märchenhaft in einem Universum, das schweigt.

Wir aber – wir leben! Wir dürfen, einen Wimpernschlag lang, teilnehmen, den Himmel sehen, freilich um den Preis, auch in den Abgrund zu schauen.

Aber wir gehen mit dieser Kostbarkeit, die Leben heißt, in einer Weise um, die immer wieder erschrecken läßt: Wir sind gewalttätig. Die Angst vor dem Krieg ist ja in Wahrheit die Angst vor dem Menschen, der immer noch zum Kriege fähig ist.

Es gibt ja nicht nur die große Gewalt, gegen die wir demonstrieren; es gibt die kleine alltägliche Gewalt, die wir selbst tausendfach Tag für Tag gegeneinander walten lassen. Mit dem Auto auf dem Gehweg geht's schon los.

Der Astronaut James Irwin, einer der ersten Männer auf dem Mond, hat zwölf Jahre später die Erkenntnis seiner Reise in einem Satz zusammengefaßt: »Der Flug lehrte mich, wie zerbrechlich die Welt im Grunde ist.«

Er spürte aber auch in der Einsamkeit der Kraterlandschaft, was ihm zuvor auf der übervölkerten Erde nicht so deutlich geworden war: Gottes Schöpfermacht und seine Allgegenwart. »Der Flug machte mich religiöser. Der größte Tag in der menschlichen Geschichte war nicht, als der erste Mensch den Mond betrat, sondern als Gottes Sohn auf die Erde kam.«

Vielleicht sollten auch wir, die wir nicht zu fernen Sternen fliegen, die Botschaft begreifen: daß nicht nur die Erde zerbrechlich ist, sondern daß vor allem unser eigenes Leben zerbrechlich ist – und daß wir alle behutsam miteinander umgehen müssen.

*

Ein bißchen Dankbarkeit also, nur weil wir ganz kurz das grandiose Welttheater erleben und mitgestalten dürfen? Ja, das meine ich, wäre eine gute Idee!

Drei kurze Briefe, in den Feiertag hineingeschrieben

Liebe Kollegin, als ich zufällig in das Zimmer Ihres Chefs ging, waren Sie mit ihm in ein Gespräch vertieft, dessen Inhalt ich nicht kannte. Aber ich spürte sofort: Es war wichtig für Sie. Gleichwohl erhoben Sie sich augenblicklich und sagten freundlich, was man in solchen Fällen immer sagt: »Ich wollte sowieso gerade gehen.«

Natürlich spürte ich sofort: Sie wollten überhaupt nicht gehen! Und Ihre Unterhaltung konnte nun nicht mehr ausklingen. Dabei sind es oft gerade die letzten Sätze, die mit dem Thema nichts zu tun haben, die einem Gespräch Glanz geben und Herzlichkeit. Und das ist manchmal wichtiger als der ganze andere Inhalt.

Als Sie aufstanden, habe ich Ihre Enttäuschung erkannt – dabei haben Sie sogar freundlich gelächelt!

Ja, es ist schade, daß so viele Unterhaltungen einfach kaputtgehen, weil plötzlich einer hinzukommt und die Atmosphäre – ganz ungewollt – im Nu zerreißt.

*

Lieber Mitfahrer im Paternoster, Sie stiegen plötzlich zu mir in den Fahrkorb, ich kenne Ihren Namen nicht, schätze Sie auf um die Fünfzig. Wir fuhren ein paar Stockwerke zusammen, und Sie sagten, wohl um das Schweigen zu brechen, ganz unvermittelt, daß Sie hier wohl noch »ein paar Jährchen« fahren müßten. Sicher hatten Sie gerade Ärger hinter sich.

Als Sie ausstiegen, sagten Sie noch zu mir, daß Ihnen das Gehen immer schwerer fiele. »Man wird eben älter.«

Ich wollte Ihnen noch ein Trostwort zurufen, aber da waren Sie schon aus meinem Blickfeld. Diese unermüdlichen »Menschenbagger« in den großen Bürohäusern gestatten nur Kurzbegegnungen, Kurzgefühle, Kurzbekenntnisse, sind typisch für unsere schnelle Zeit.

Aber in den Gesprächsfetzen blitzt oft etwas auf von der Einsamkeit, die wir alle in uns tragen, ein seelisches SOS. Auch wenn wir im Paternoster miteinander reden, sagen wir einander in Wahrheit nichts. Eigentlich armselig, nicht wahr?

*

Liebe Verkäuferin, als ich gestern kurz vor Ladenschluß bei Ihnen noch Zigaretten holte, war ich erschrocken: Sie sahen so müde aus. Sie waren nervös. Sie gaben mir irrtümlich falsch heraus. Sie waren eigentlich kaum wiederzuerkennen.

Denn ich hatte Sie ja schon am Morgen desselben Tages gesehen, als ich bei Ihnen die Zeitung holte – da strahlten Sie, waren fröhlicher, guter Dinge.

Ja, man verbraucht sich an so einem langen Tag im Geschäft. Mit den vielen Menschen. Den vielen Fragen. Den Kunden, die immer nervöser werden, je mehr es dem Abend zugeht.

Ob wir alle das bedenken, wenn wir abends noch hastig einkaufen? Wie endlos lang so ein Tag hinter dem Tresen ist? Wie sich die Kräfte verschleißen?

Ab siebzehn Uhr sollten wir rücksichtsvoller miteinander umgehen, diejenigen, die verkaufen, vor allem aber diejenigen, die noch ganz schnell etwas besorgen müssen.

Dieser verengte Blick auf die Mutter

Beim Einordnen meiner Bücher – die mehrere Umzüge überstanden haben – fiel mir der kleine Band von Simone de Beauvoir in die Hände, den sie im Mai 1965 veröffentlichte. Unter dem Titel *Der sanfte Tod* schildert sie das langsame Sterben ihrer Mutter.

Ich blätterte die hundertzwanzig Seiten durch, in denen sie alle Erscheinungen des Krebstodes mit beklemmender Präzision seziert, in denen sie der Frage nachspürt, warum ihr der Abschied von der »lieben kleinen Mama« so schwerfiel, obwohl sie doch wußte, daß ihre Mutter schon aufgrund ihres hohen Alters einem nahen Tode zubestimmt war.

Das Ende im Krankenhaus hat dann gleichwohl die schreckliche Überraschung nicht mildern können: »Ein Krebs, eine Embolie – all das kommt ebenso brutal und unversehens wie das Aussetzen eines Flugzeugmotors mitten am Himmel.« Und dann berichtet die Schriftstellerin, wie der Priester bei der Trauerfeier die Verstorbene bei ihrem Namen »Françoise de Beauvoir« nannte, und ihr war zumute, als ob diese Worte ihre Mutter wieder zum Leben erweckten: »Sie stellten die Gesamtheit ihres Lebens her, von der Kindheit bis zur Ehe, vom Witwentum zum Sarge. Diese zurückgezogene, so selten mit Namen genannte Frau wurde zur Persönlichkeit.«

Als ich diese Zeilen las, stellte ich mir die Frage, wie eigentlich ich meine Mutter gesehen habe in all den Jahren, in denen ich sie – zu selten – traf. Ich weiß heute: Ich sah immer nur einen Ausschnitt. Ich sah die Mutter, die sich um ihr Kind sorgte. Die Liebe einforderte. Die hin und wieder um die jüngste Schwester bangte. Die ihre »Paß gut auf dich auf!-Briefe« schickte. Ich sah die Mutter, die in ihrer Einsamkeit plötzlich anfing, Gedichte zu schreiben. »Lenke keinen großen Wagen«, lautete eine Zeile. Mein beschleunigtes Leben war ihr unheimlich. »Wieso rufst du mich aus New York an?« Sie wollte mich zur Mäßigung ermahnen.

Mit jener grandiosen Egozentrik, die Kindern zu eigen ist, blieb dieser verengte Blick auf die Mutter über Jahrzehnte erhalten. Ich sah von ihr immer nur Facetten. Ihre Güte. Ihr Nachgeben »um des lieben Friedens willen«. Ihre Härte, wenn sie enttäuscht wurde. Ihre Zerbrechlichkeit im Alter. Auch all die Enttäuschungen. Und immer wieder: die Mutter als moralische Instanz.

Daß es auch noch ein Leben jenseits der Mutterrolle gibt, das ahnen wir Kinder zwar, aber unsere Bequemlichkeit ist größer. Die verwöhnende, selbstlose Liebe der Mutter – wird sie nicht zu Recht seit Ewigkeiten von Dichtern besungen?

Auch ist es für Kinder schwer, in diesem Beziehungsgeflecht zu den letzten Wahrheiten vorzudringen, davon blitzt etwas sogar im Protokoll der Simone de Beauvoir auf.

»Neulich hast du mir gesagt, ich mache dir angst«, sagt sie beispielsweise zu ihrer Mutter im Sterbezimmer. Etwas Lauerndes ist in dieser Frage versteckt. Wo immer noch eine Spur von Entfremdung besteht, so soll sie jetzt endgültig ausgelöscht werden. Die Antwort der Mutter war von abweisender Banalität. »Ach wirklich. Man redet oft komisches Zeug.«

Auch eine so kluge, so empfindsame Frau wie Simone de Beauvoir vermochte also nicht, die unsichtbare Wand einzustoßen, die Kinder letztlich von ihrer Mutter trennt.

*

Es gibt das schöne alte persische Wort, wonach der Himmel zu den Füßen der Mutter ist. Aber das bedeutet leider nicht, daß alles ohne Rätsel ist. Diese Erkenntnis gehört zu den bitteren Früchten des Lebens.

Grüße zum Fest – Zeit für leise Töne

Lieber Freund, nun hast Du mich also doch verblüfft. Ich habe es bedauert, daß wir uns in den letzten Monaten nicht gesprochen haben. Wo bleibt die
Zeit, sie jagt dahin, es wird Dir gehen wie mir – keine Klage also, und schon gar keine Anklage. Das Pen-
del schwingt immer schneller, schon naht Weihnachten, und da ist – rumms – plötzlich eine Chance da.

In diesem Sinne habe ich Deinen Kartengruß zum
Fest empfunden. Er kam fünf Wochen vorher, in den
letzten Novembertagen, ich weiß es noch genau,
denn ich sagte zu meiner Frau: »Jetzt geht der Rum-
mel immer früher los.«
Bitte entschuldige diese saloppe Formulierung, ich
will Dich nicht verletzen, ich verstehe ja auch, daß
Du Dich bei den vielen Bekannten, mit denen Du zu
tun hast, »sputen« mußt, wie es so schön in einem
Weihnachtsgedicht heißt. Manchmal sind es ja die
längst verschwundenen Worte, die eine Sache am besten treffen.

Und doch muß ich Dir ganz offen sagen, daß
mich Dein Kartengruß zugleich auch traurig stimm-
te, denn unter dem in Versalien gedruckten Wunsch
für ein »friedliches Fest« und ein »glückliches neues
Jahr« entdeckte ich nur noch ein einziges Wort: Deinen Namenszug – in Handarbeit immerhin.

Natürlich wendete ich Deine Karte noch einmal

hin und her, ob nicht auf der Rückseite – wenigstens
dort! – doch noch eine weitergehende, ganz persönliche Botschaft versteckt ist, aber siehe da: Fehlanzeige. Es gab wirklich nur Deine Unterschrift!

Und das ist, mit Verlaub, doch weniger als wenig.
Das ist Herzlichkeit am Fließband. Da sehe ich die
lange Namensliste vor Dir, die brav und gedankenlos
»abgehakt« wird. Computerisierte Grußadressen, so
vorgestanzt wie die Wünsche, in Goldschrift, ver-
steht sich, edel und festlich – und doch total unper-
sönlich!

*

Um Dich zu trösten, wenn Du denn Trost brauchst:
Du bist nicht der einzige, der heute gleichsam zur
Schnellfeuerwaffe greift. Grüße dieser Art kommen
von Tag zu Tag mehr. In ihnen spiegelt sich zugleich
alles wider, was unsere Zeit ausmacht: eine Kurzat-
migkeit, eine nur oberflächliche Freundlichkeit, vor
allem aber eine Unsicherheit, wie man mit diesem
»Fest der Liebe« eigentlich umgehen soll.

Der Widerspruch ist offenkundig: Zwar will man
seine Zuneigung schon noch mitteilen, aber eben
doch nur soweit, wie man glaubt, daß es unbedingt
nötig ist. Und wenn es mit der Technik so weitergeht,
wird in ein paar Jahren zu Weihnachten nur noch ge-
faxt werden – schöne neue Welt!

Damit wir uns nicht falsch verstehen, lieber
Freund: Nichts Rührseliges, nichts Sentimentales

wird verlangt. Aber dürfen wir »Kinder des Kommunikationszeitalters« uns eigentlich beklagen, daß unser Leben so kühl, so genormt, so gefühlsarm geworden ist, wenn wir selbst nicht einmal in diesen vorweihnachtlichen Tagen richtig miteinander kommunizieren können? Wann eigentlich ist Zeit für leise Töne, wenn nicht jetzt?

Ein weicher Wind wird sein, doch auch der kleinste Abschied ist ein Abschied

Nun sind es nur noch Augenblicke, Ungeduld kommt auf. Ich blicke im Büro auf die Uhr und rechne nach, wo ich wohl morgen um diese Zeit sein werde — am Brenner, in Meran — oder gar doch schon am Ziel?

Zwei Briefe muß ich noch diktieren, dann ist alles erledigt, vor dem Urlaub wohl geordnet. »Endlich schließe ich meinen Schalter«, denke ich — und kann es plötzlich gar nicht mehr erwarten.

*

Seltsam, die Sekretärin schrieb die Briefe doch sonst immer viel schneller. Warum dauert es jetzt nur so lange? Ich bin sicher ungerecht — und bis auf diese Post haben wir ja auch alles geschafft.

Ein Besucher, unangemeldet, will mich noch ganz dringend sprechen. »Weil Sie in den nächsten Wochen ja nicht da sind«, sagt er. Eine Feststellung, völlig richtig, aber klang sie nicht wie ein leiser Vorwurf?

Warum bin ich nur so empfindlich? Urlaubsreif? Ich räume das private Fach meines Schreibtisches leer: Paß, Autopapiere, Banknoten. Das Foto, das die Kinder zeigt, verschwindet in der Schublade. Nun ist die Tischfläche spiegelglatt. Wie fremd, kalt, ja seelenlos so ein Büro aussehen kann!

*

Florenz! Plötzlich spazieren meine Gedanken am Arno entlang, während die Klimaanlage summt, die mir doch unmißverständlich zu verstehen gibt, daß der Ferientraum noch nicht Wirklichkeit geworden ist.

Aber morgen! Morgen, genau um diese Zeit, da werde ich aus dem Auto steigen, und ein warmer Wind wird gehen – und ich werde tief durchatmen, ja, so wird es sein.

Nun noch der Umtrunk zum Abschied. Eine der Damen, die das Abschiedsritual seit Jahren kennt, bringt Gläser. Gute Wünsche: »Viel Sonne« – »Vergessen Sie mal alles«. Auch die beiden Briefe sind nun unterschrieben.

»Ja, denn, macht's auch gut«, höre ich mich sagen. Nichts Geistvolles fällt mir ein, ein Anflug von Erschöpfung.

*

Da, das Telefon schrillt! Ich erschrecke. Wenn bloß nicht jemand anruft, der etwas Wichtiges, Unaufschiebbares von mir will, das meine Abreise in letzter Minute gefährden könnte. Aber es ist nur meine Frau, die fragt, wann ich denn nun endlich nach Hause komme. »Wir wollen doch morgen ganz früh starten.«

Dann endlich gehe ich den Korridor entlang, in den Fahrstuhl, ins Freie. Vielleicht denke ich morgen zurück an diese letzte Bürostunde. Vielleicht auch nicht. Vermutlich sogar gar nicht, den bella Italia wird mich dann längst verzaubern. Und ich werde mich übermütig fragen: Deutschland, wo liegt das eigentlich? Und ein weicher Wind wird sein und so ganz anders summen als die Klimaanlage...

Und doch – selbst dieses herrliche Gefühl der Vorfreude wird einem beim Abschied nicht unversehrt geschenkt. »Die Reise gleicht einem Spiel: Es ist immer Gewinn und Verlust dabei und meist von der unerwarteten Seite«, wußte schon Goethe, der Reise- und Lebenskünstler. Der Gewinn – der Gang durch die Uffizien beispielsweise – ist in Sichtweite, aber was ist mit dem Verlust? Was ändert sich, wenn ich fort bin, was verpasse ich hier? Gedanken wie Nadelstiche, denn auch der kleinste Abschied vom Alltag ist – ein Abschied.

Wann, bitte, entsteht die Liebe
zu einer Stadt?

Eben war da noch dieses unheimlich weiße Licht, das sich nie nach Deutschland verirrt, dieses gleißende Licht, das auf dem Flug von Miami nach Mexico City durch die Kabinenfenster knallt. Das deine wintermüden Augen blendet. Die Maschine verliert nun langsam an Höhe. Und plötzlich wird es um dich herum erst ockergelb, dann braundunkel, als hätte sich der Himmel von der Erde gelöst.

»Der Moloch hat uns wieder«, sagt der Mann neben mir und schaltet die Leselampe ein. Er hat mein Erschrecken bemerkt. »Wundern Sie sich nicht, das ist kein Weltuntergang, nur Smog.«

Wenn die größte Stadt der Erde atmet, ihre Ausdünstungen in den Himmel schießt, dann wird es dunkelbraun. Die Augen, die soviel Schönes erwarten, fangen erst einmal an zu brennen, kaum daß du das Flugzeug verläßt.

*

Es heißt, daß sich in den ersten zehn Sekunden entscheidet, wie zwei Menschen zueinander stehen werden – ob Sympathie, Antipathie oder Gleichgültigkeit vorherrschen. Ein Blick in die Augen, und die Sache ist entschieden.

Aber wie ist es bei den Städten? Wann offenbaren sie sich dir? Wann kommt der Augenblick, da es klick macht? Am Bahnhof, am Flughafen, im Taxi, im Hotel, wo, bitte, entsteht Liebe zu einer Stadt – oder Abneigung?

Habe ich Mexiko-Träume, so wie ich sie früher bei anderen Städten hatte – als ich beispielsweise zum erstenmal, im VW-Standard und mit Zwischengas, nach Paris fuhr; als ich mich Rom näherte, gespickt mit Lektüre über Vatikan und Kolosseum; als ich von Tel Aviv bergauf nach Jerusalem steuerte?

Nein, Träume dieser Art hatte ich diesmal nicht, aber eine gleichsam vorauseilende Zuneigung. Schließlich gab es Mexiko-Reportagen, Olympische Spiele, Fußballweltmeisterschaft, man war ja via Fernsehen schon dort. Nur ist dieser Vorteil zugleich Nachteil: Das Medium betrügt uns heute um unsere eigene Premiere; die Bilder der Ferne sind schon in uns, ehe wir die Koffer packen.

Die endlose Fahrt in den Hexenkessel der Stadt gleicht einer Geisterbahnfahrt. An jeder Ampel kommen sie angelaufen: die Jungs, die die Autoscheiben putzen; die Frauen mit Zigaretten, Kaugummi, Zeitungen, Krimskrams; die Feuerschlucker, die sich Fackeln tief in den Schlund jagen, um dann schnell den Autofahrern ihre Hand entgegenzurecken für Pesos, von denen sie morgens nicht wissen, was sie abends noch wert sind.

Du fühlst, das ist Überlebenskampf pur. Mit Haken und Ösen. Das sind nicht die Bilder, die du aus

Prospekten kennst: »Traumland Mexiko«. Aber was sind Träume, wenn die Armen aufbegehren?

*

Dann endlich, nachdem du dein Hotelzimmer bezogen hast, führen dich Freunde in ein »typisch« mexikanisches Lokal. Der Empfangschef muß spüren, daß du von weit her kommst, er gibt dir den besten Platz. Schon nahen die Musiker, die Mariachis, schon bringt der Ober die erste Tortilla, schon ist der Teufelstrank »Margarita« – ein geeister Limonensaft mit Tequila im Glas mit Salzrand – auf dem Tisch, schon kommt kurz die Frage: »Deutscher?« Und als sei dies ein Zauberschlüssel, öffnen sich die Herzen: Da ist ein Lachen, ein Laufen, eine Lebendigkeit, daß du dich fragst, warum du dergleichen überströmende Herzlichkeit in Deutschland noch nie erleben konntest. Und du weißt plötzlich, Mexiko hat es dir nur wieder einmal gezeigt: Es ist der Mensch, der die Städte macht – und ihren Zauber.

Nie kann man zurückholen, was man versäumte, als die Kinder noch Kinder waren

Er ist alt. Er ist krank. Er ist verlassen. Er ist arm. Er liegt im Bett eines Krankenhauses und hofft auf Genesung. Er wird fotografiert. Wir sehen sein Bild groß in der Zeitung, da, wo er hingehört, wo er immer war, kraft seines Amtes, kraft der Wucht seiner Persönlichkeit, kraft all dessen, was er dem deutschen, dem internationalen Sport bedeutete – auf der Titelseite. Wir sehen einen erschöpften, abgemagerten Mann in den weißen Laken, die Hände, die in seiner Jugend so zupacken konnten, hängen schlaff herab, ein Bild des Jammers.

Vor Jahren habe ich ihn zuletzt gesprochen, in seine funkelnden Augen geschaut, den Visionen gelauscht, die er so liebte, die ihn so groß machten. Sein Name wurde mit großen Lettern in das Buch eingetragen, das vom Wiederaufbau nach dem Krieg handelt, denn seine Verdienste waren so groß, daß sie selbst ein ganzes Buch füllen könnten.

*

Vorbei, verweht das alles. Er ist auch schon von vielen vergessen. Den Mann, der gestern noch umjubelt wurde, umfängt Einsamkeit. Wie das? Wie kann ein umschwärmter Mann so einsam sein wie er heute?

Da gibt es eine Frau. Sie soll nicht am Kranken-
lager sein. Da gibt es zwei Kinder. Aber für die hatte
er selten Zeit: »Ich weiß, ich war nie ein guter Vater.
Wie denn auch, wenn man jeden Tag fünfzehn Stunden im Büro sitzt oder unterwegs ist.« Ja. Wie ist
zurückzuholen, was man versäumte damals, als die
Kinder noch Kinder waren.

Schlimmer noch. Der Mann auf dem Krankenla-
ger, so lesen wir, stellt sich die Sinnfrage nach seinem
Leben für den Sport und durch den Sport und mit
dem Sport. Der Aphorismus, wonach der Sport die
»Spielzeugabteilung des Lebens« sein soll, der stimmt
doch schon längst nicht mehr.

Wir wissen heute, daß der Sport zu einer toderns-
ten Angelegenheit wurde. Die Schmerzen, die Ver-
letzungen, die Tränen, die Intrigen, die Unfairneß
hinter der Maske der Fairneß haben den wunderba-
ren Sport auch bitter und böse gemacht. »Ich frage
mich oft: Ist der Sport den Einsatz wert?« so sagt der
Mann, der immer auch Philosoph, nicht nur Funk-
tionär in dem großen Heer der Funktionäre war.

Die Freunde, die echten, und die Freunde, die
falschen, die Schulterklopfer, die an seinem achtzig-
sten Geburtstag vor ein paar Jahren noch um ihn waren, die sind nun ganz fern. So ist das im Leben. Das
will man nicht glauben – solange man ganz oben ist.
Die Weggefährten von einst, so lesen wir, sind »abge-
taucht«. Der Mann ist allein, das wäre vielleicht noch
zu ertragen. Er ist auch einsam, und das ist schwer.

Als er seinen siebzigsten Geburtstag feierte, diktierte er einem Reporter ins Stenogramm: »Ich hätte, als die Ämter sich mehrten, die Bremse ziehen müssen. Ich tat es nicht, das war der Fehler.« Er diktierte diese Selbstanklage, um anschließend noch mehr Ämter anzunehmen. Nicht immer gehen Wissen und Wollen eine Ehe ein, so ist es im Leben eingerichtet.

Er war ein Schöngeist mit langem Atem, der sich in einer Welt bewegte, in der Hundertstelsekunden, weniger als ein Wimpernschlag, über Sieg oder Niederlage entscheiden. Ich habe ihn bestaunt, als ich mit ihm sprach. Jetzt, da ich von seiner trostlosen Einsamkeit hörte, fragte ich mich, wie es kommt, daß sowenig in den Netzen ist, die er über acht Jahrzehnte in einem Leben ausgeworfen hat, das, von außen betrachtet, so prachtvoll erschien.

*

Der alte Mann und der Sport – es ist auch dieses Schicksal ein Lehrstück für uns, die wir nicht im gleißenden Scheinwerferlicht stehen. Halt die Mitte! Hab Zeit für die Familie. Unterscheide zwischen den echten Freunden und den falschen Schulterklopfern. Und tue dies alles, wenn die Sonne noch am Himmel steht.

Nur ein Schreibtisch war falsch plaziert

Vielleicht machen wir trotz aller Mühsal im Leben so vieles falsch, vielleicht bleiben Vertrauen, Liebe und sogar beruflicher Erfolg auf der Strecke, nur weil wir unseren Schreibtisch falsch plaziert haben. Vielleicht sollten wir dem amerikanischen Arzt Dr. Bernie Siegel genau zuhören, der uns eine ganz erstaunliche Geschichte berichtet, der mit einem einzigen Handgriff – eben dem Verrücken des Tisches in seinem Arbeitszimmer – nicht nur sein eigenes Leben, sondern auch das vieler tausend Menschen zum Guten hin verwandelte.

Begonnen hatte alles vor mehr als einem Jahrzehnt, als der Facharzt für Chirurgie in New Haven, Connecticut, in eine schwere persönliche Krise geraten war; als er spürte, wie ihn seine Kräfte verließen, anderen Menschen noch helfen zu können.

Als er verzweifelt in sein Tagebuch schrieb: »In wie viele Gesichter mußt du noch sehen und sagen: Tut mir leid, es handelt sich um einen inoperablen Tumor! – Ja, Entsetzen breitet sich aus, wenn ich an meine Zukunft als Arzt denke.«

*

Dann aber kam die Wende, als ein Kollege sich für eine Verspätung salopp damit entschuldigte, daß ihn ein »interessanter Fall« abgehalten habe. Dabei handelte es sich immerhin um ein Kind, das gerade vor dem diabetischen Koma stand!

Und plötzlich wurde ihm bewußt, daß eine solche Einstellung – ein todgeweihtes Kind als »Fall« – die Ärzte in Wahrheit von ihrem »Fall« trennt. Hatte er nicht auch selbst immer wieder zum eigenen Seelenfrieden versucht, den Pegel des Mitgefühls so niedrig wie möglich zu halten? »Aber diese Kälte verhindert nicht wirklich Schmerzen, die man auch als Arzt mitempfindet, sie verdrängt sie nur.« Eine Selbsterkenntnis, die einer kopernikanischen Wende glich.

Nun beschloß er, buchstäblich »hinter seinem Schreibtisch hervorzukommen«, sich dem Patienten voll zu stellen, sich ganz mit ihm einzulassen!

*

Dr. Siegel nahm den Schreibtisch aus der Mitte des Raumes und stellte ihn an die Wand. Als seine Mitarbeiter daraufhin meinten, daß in seiner Praxis nun alles verkehrt sei, sagte Dr. Siegel ihnen, daß »ich meinen Patienten direkt und ohne ein Hindernis dazwischen gegenübersitzen möchte, statt mich wie ein Fachmann gegenüber Versagern zu verhalten«.

Der »Gott in Weiß« stieg von seinem Thron, bekannte sich zu dem, was er in Wahrheit immer schon gewesen war: ein mitfühlender Mensch. Und von diesem Zeitpunkt an datiert der Beginn seiner wahren Karriere als Heilender.

Auch für uns, die wir keine Ärzte sind, hält diese kleine Geschichte eine Lehre bereit: Wir sollten nicht von »oben herab« miteinander umgehen. Wir dürfen die Insignien der Macht nur sparsam einsetzen, Vertrauen ist nur zu gewinnen, wenn man auch zuzuhören vermag. Zuneigung und Liebe gedeihen nur in echter Partnerschaft. Kurz: Ein neues Denken und vielleicht auch ein neuer Platz für den Schreibtisch können Wunder bewirken. So wie der Arzt erst nach jener inneren Wandlung immer wieder Taten vollbringen konnte, die seine Patienten dann wahrhaftig als Wunder buchstäblich am eigenen Leibe erlebten.

Wenn plötzlich die Stunde des Outings gekommen ist

Wir sitzen zusammen, bei Wein unter Freunden, Ehepaare, Singles, lauter Menschen, die sich gut verstehen, die sich jahrelang schon kennen, und der Alltagsschrott – von der Pflegeversicherung bis zu den Kindergärten, die es nicht gibt – ist schon abgehandelt. Die Gespräche steuern auf die Kultur zu, die Welt der schönen Bilder – auf Ferien und Sommer, und plötzlich, gleichsam aus einem heiteren Gesprächshimmel, schreit eine Frau, die zum dritten Mal in Scheidung lebt: »Ich verdamme meine Kindheit!«

Alle spüren: Nun ist wieder die große Stunde des Outings gekommen. Nachdem einer den Anfang gemacht hat, gibt es auch wahrlich kein Halten: Die Fehler der Eltern, der Partner, auch der Freunde werden schonungslos aufgedeckt und uns präsentiert wie Rechnungen, die wir bezahlen sollen, obwohl wir weder zu beurteilen vermögen, ob die Vorwürfe zu Recht erhoben werden, noch, ob wir irgendwie hilfreich raten können.

Was mich an diesem Abend erschreckte, war die Verbissenheit und zunehmende Härte, mit der Menschen heute andere Menschen für ihren seelischen Komfort, ja für ihr eigenes Schicksal verantwortlich machen.

Als das Lamentieren über die verkorkste Jugend
schließlich dem Höhepunkt zueilte, gab jemand eine
Anekdote zum besten, um die gespannte Atmosphäre zu glätten:

Ein Sohn kommt nach Hause, die Mutter fragt
ihn, was der Doktor bei der Untersuchung herausgefunden habe. Der Junge antwortet nur knapp: »Der
Arzt meint, ich leide unter einem sogenannten Ödi-
puskomplex.« Darauf die resolute Mutter, ebenso
knapp: »Ach was, Ödipus, Schnödipus – Hauptsa-
che, du liebst deine Mama.«

Nun wissen wir natürlich, daß – unbestritten – eine glückliche Kindheit ein Kapital ist, das zeitlebens
Zinsen abwirft. Aber ob die Frau, die auch ihre dritte Scheidung zu unser aller Erschrecken an diesem
Abend mit der »verdammten Kindheit« begründete,
bei ihrem Seelentrip in die eigene Innenwelt wirklich
auf der richtigen Fährte ist, das wagte einer in der
Runde doch zu bezweifeln.

Nun hätten Sie erleben sollen, was da passierte!
Die Frau sprang auf, lief im Zimmer hin und her, be-
schimpfte uns, daß wir sie nicht »verstünden«, man
müsse mal alles »herauslassen«, all die Ängste, die
Enttäuschungen, die Blessuren ausbreiten. Dann
brach sie auf, schlug die Tür ins Schloß, ein dramati-
scher Abgang.

Am nächsten Morgen aber rief sie beim Gastgeber
an, entschuldigte sich, sie hätte leider die Fasson verloren, »wir wurden anders erzogen in unserer Familie«. Sie hätte aber nun begriffen, daß das dauernde

Sezieren des eigenen Selbst nichts bringt und daß die
totale und absolute Demaskierung vor anderen Menschen falsch sei.

*

Nun war es der Gastgeber, der plötzlich ein schlechtes Gewissen hatte, weil ihm auch nicht einfiel, wie
man den Mittelweg zwischen schamlos-neumodi-
schem Outing und heilsamer seelischer Offenbarung
gegenüber Freunden findet.

Nur daß dies der Glückspfad im menschlichen
Miteinander wäre, das wußte er.

Eine Prise Liebe beim
Sonntagstelefonat

Ich kann nicht telefonieren. Das heißt: Ich kann
schon, aber nicht besonders gut. Und weil ich das,
was ich nicht gut kann, nach meinem Verständnis eigentlich gar nicht kann, sage ich: Ich kann nicht telefonieren.

Im Alltag hat das zur Folge, daß ich, kaum hat jemand die ersten Sätze gesprochen, mit dem Befrei-
ungsschlag »Ich übergebe jetzt an meine Frau« ihr
den Hörer in die Hand drücke. Das geschieht hand-
streichartig, ist fast schon ein Reflex. Nur in den Fällen, mit denen meine Frau beim besten Willen nichts
zu tun hat, bleibe ich am Apparat.

Mein Sohn, der sich bereits um meine Telefon-
müdigkeit Sorgen machte, meinte eines Tages, es sei
schon ziemlich brutal, wie ich Gespräche ins Leere
laufen lasse. Er erhob diesen Vorwurf, als ich ihn
einmal bei dem endlosen Monolog einer Bekannten
bat, er möge doch draußen die Klingel betätigen, so
daß ich mit diesem Trick die Strapaze beenden konnte.

Das fand er unfair, und ich gelobte Besserung. Auf
diese Weise kam ich zur genialen Idee des sonntäg-
lichen Rundumschlags.

Die Strategie, die dieser Telefonstunde zwischen
elf und zwölf zugrunde liegt, ist dem militärphiloso-

phischen Bereich entlehnt. So klemme ich mich, zu allem entschlossen, morgens an den Apparat und rufe überall dort an, wo ich im Laufe der Woche das Versprechen »Wir hören noch voneinander« hinterlassen habe.

Ich arbeite sozusagen die Liste meines schlechten Gewissens auf. Und siehe da: Unversehens verwandeln sich viele Telefonate in wunderbare, völlig überraschende Seelengespräche. Alles, was mit dem Gefühl, mit Liebe, Freundschaft, Partnerschaft zu tun hat, wird dabei so ausführlich besprochen, daß es für die Telekom – gebührenmäßig – die reine Freude sein muß.

Es war wiederum mein Sohn, der mich mit der Bemerkung »Du solltest nur noch sonntags telefonieren« auf den Pfad der Telefontugend schubste. Ihm war aufgefallen, daß meine Stimme an diesem Tag ganz anders klingt als an den Wochentagen – nicht so gehetzt, viel weicher, leiser. Und vor allem: Ich würde ja richtig zuhören, das hätte ihm gut gefallen.

In der milden Sonntagsstimmung reifen sogar Gedanken, die unter der Woche kaum eine Chance haben. Das habe ich letzten Sonntag wieder gespürt, als ich einem Freund in einer Lebenskrise einen Rat geben durfte: »Was ist denn mir dir los? Du redest ja plötzlich wie ein Philosoph daher.«

Warum mich beim Schrillen eines Telefons immer die kleine, geheime Angst überfällt, was da wohl auf mich zukommen könnte – ich habe es nie herausfinden können. Mit der Kindheit, die heute gerne für alles Schlimme herhalten muß, kann es nichts zu tun haben: Damals hatten wir kein Telefon.

Aber mit den von mir entdeckten »Sonntagstelefonaten« kann ich nun ganz gut leben. Sie bringen mir und anderen, was in unserem Leben viel zu kurz kommt: etwas Zuspruch und Ermutigung, das Hineinhören in die Sorgen, eine Prise Liebe, dazu, wenn nötig, auch die Beichte eigener Fehler und am Schluß, ganz wichtig, das Versprechen, unbedingt wieder voneinander hören zu lassen.

*

Die ganz andere Problematik, ob es einen Unterschied macht, wenn man mit einem Mann oder mit einer Frau telefoniert, klammere ich aus, zitiere dafür lieber einen Scherzbold, der sagte: »Ein Optimist ist ein Mann, der glaubt, daß eine Frau ein Telefonat beendet hat, wenn sie ›auf Wiedersehen‹ sagt.«

Was ist bloß mit uns Männern los?

Das ist die Frage, die sich immer wieder neu stellt: »Was ist bloß mit uns Männern los? Was haben wir getan, daß wir so in die Ecke gestellt werden? Wo und wann, bitte schön, haben wir nicht aufgepaßt, als der Expreßzug, der sich ›Zeitgeist‹ nennt, die alles entscheidende scharfe Kurve nahm?«

Irgendwann muß es ja passiert sein, daß dieser Zug, der zwischen den Stationen Traum und Wirklichkeit hin und her rast, auf Geleise geriet, auf denen es kein Halten gibt.

Da las ich vor einiger Zeit eine Nachricht, die in der Boulevardzeitung unter der suggestiven Überschrift »Frauenträume« auf der ersten Seite stand, also genau dort, wo sie ihrer Brisanz wegen auch hingehörte: Knisterte es einst in den Beziehungen, so spürt man mittlerweile, daß da etwas explodiert.

Natürlich wissen wir schon seit Jahren, daß der Mann längst vom Thron gestoßen wurde, umzingelt von Powerfrauen, die sagen, wo es langgeht. Und doch ist man immer wieder erschrocken, sobald weitere Meldungen von der vordersten Front des Geschlechterkrieges eintreffen.

Die neueste Nachricht besagt, daß Frauen den unbändigen Wunsch haben, gesund zu bleiben. Das ist bei allen Umfragen so.

So weit, so gut. Aber was kommt nach der Gesundheit mit neunundsechzig Prozent? Sind es wenigstens jetzt wir Männer, die aus dem Schatten heraustreten und in den Träumen der Frauen erscheinen, von ihnen begehrt und geliebt werden?

Kalte Dusche! An zweiter Stelle kommt der Wunsch, gut zu reisen (fünfzig Prozent, Mehrfachnennungen waren möglich). Nun haben wir längst gelernt, daß die Melodie von Kirche, Küche und Kindern ausgespielt ist. Aber »harmonische Partnerschaft«, nach der auch gefragt wurde, die hätte es doch sein können, nicht wahr?

Aber nein, die kam nur auf vierundvierzig Prozent. Der Clou heißt Reisen. Frauen wollen heute nichts wie weg. Mal hierhin, mal dorthin. Bloß eines nicht: zu Hause bleiben. Da sieht man jedes Staubkorn, da schaut der Mann in die Suppentöpfe, da wartet die Hausarbeit, diese glanzlose Addition von Mühsal und Monotonie. Und die quälende Frage: »Soll das im Leben wirklich alles gewesen sein?«

Psychologen sagen uns, daß die unbändige Reiserei ihren Ursprung in dem Gefühl hat, sonst etwas Entscheidendes im Leben zu verpassen. Reisen ist zu einer (Ersatz-)Religion geworden, der Koffer zum Statussymbol der Unterwegs-Gesellschaft. »Der Weg ist das Ziel«, mit diesem Motto auf den Lippen hecheln wir von Ziel zu Ziel, die Powerfrauen vorneweg.

Natürlich fragten die Meinungsforscher auch nach dem exzentrischen Traum von einem ganz tollen Mann. Ja, sie servierten auf dem Fragebogen etwas

ganz Leckeres: den tollen Hecht, den Mann schlechthin in seiner besten Form, beispielsweise Alexis Sor-
bas changierend in Richtung Anthony Quinn.

Spätestens jetzt müßten die Frauen ihre geheimen
Sehnsüchte outen, aber siehe da: Fehlanzeige. Nur
dreizehn Prozent träumen von einem hinreißenden
Mann, wobei wir raten können, ob das nun noch an
den Männern oder nicht doch schon an den Frauen
selbst liegt.

Verräterisch hingegen ist eine andere Zahl: Mit
einundvierzig Prozent steht ein dicker Lottogewinn
weit, weit vor dem tollen Mann. Aber wir kennen ja
unseren Shakespeare: »Wo Geld vorangeht, sind alle
Wege offen.«

»Papa, ich will in die Politik...«

»Papa, was soll ich werden?«

»Geh in die Wirtschaft, manage irgendwas, möglichst in einem Konzern, da tobt das Leben.«

»Ich dachte an etwas anderes.«

»Du denkst doch hoffentlich nicht an die bürokratische Ochsentour vom Ein- zum Zweifensterzimmer.«

»Nein, noch etwas anderes.«

Der Vater spürt, dem Sohn fällt es schwer, mit dem Berufswunsch herauszurücken.

»Spuck's aus, Junge. Ich nehme nichts übel.«

Erst jetzt nutzt der Siebzehnjährige die milde Stimmung, gibt sich einen Ruck und gesteht: »Papa, ich will in die Politik!«

Sekundenlanges Schweigen. Der Vater schaut aus dem Fenster, meidet den Blickkontakt, spürt instinktiv, daß er jetzt keinen Fehler machen darf, nicht in diesen Minuten, da sich der Lebensweg seines Sohnes zu entscheiden scheint.

So rafft er sich erst einmal zu einem Lob auf: »Geniale Idee« – schiebt dann aber doch den ersten Einwand nach: »Sagt man nicht, Politik sei ein schmutziges Geschäft?«

»Mag sein, aber Politiker ist etwas anderes, das ist heute das größte«, kontert der Sohn mannhaft. »Da genießt du Immunität, da bist du im Fernsehen – wer heute im Fernsehen nicht stattfindet, den gibt es doch eigentlich gar nicht.«

»Die Welt besteht aber nicht nur aus Reden im Fernsehen.«

»Ich verrate dir mal, wie Manfred Rommel, immerhin langjähriger Oberbürgermeister, die Sache sah: ›Früher mußte man wirklich etwas *tun*, um ins Fernsehen zu kommen, heute braucht man bloß noch was zu sagen.«

»Und wie steht es mit der Kohle?«

»Da langt man richtig hin, Papa. Wenn du hörst, was man allein an Pensionen kriegt, fallen dir die Ohren ab. Und hast du keine Lust mehr, bekommst du glatt ein paar hunderttausend Mark als Übergangsgeld nachgeschmissen. Und alle heucheln, sie hätten den Rücktritt ›mit Respekt‹ zur Kenntnis genommen.«

»Denk nicht so materiell. Politik ist ein hartes Brot. Kein Schritt ohne Öffentlichkeit. Immer in den Schlagzeilen. Immer im Fernsehen.«

»Das ist ja gerade der wahre Reichtum. Du bist keine Nummer mehr. Du bist plötzlich richtig wichtig. Man rollt dir rote Teppiche aus. Blitzlichter, Mikrofone. Das kannst du dir alles mit Geld nicht kaufen.«

»Gibt es für dich wenigstens auch ein paar moralische Gründe?«

»Ja, natürlich: Ich möchte etwas verändern.«

»Mein Gott, noch so einer, der etwas verändern

will, wo sich bei uns doch überall schon genug verändert.«

»Findest du es trotzdem gut, daß ich in die Politik gehen will?«

»Natürlich, ich wollte dich ja nur auf die Probe stellen. Politik ist schließlich…«

Während der Vater noch nach Worten sucht, um eine messerscharfe und unwiderlegbare Definition abzufeuern, fährt ihm sein Sohn mit einem Zitat von Karl Jaspers in die Parade: »Zusehen in der Politik bedeutet nicht existieren.«

Da freundet sich der Vater, Zuschauer im Polittheater seit über fünf Jahrzehnten, insgeheim mit dem Gedanken an, daß sein Sohn vielleicht doch auf einem guten Weg sein könnte.

Vom Zauber, der
allem Anfang innewohnt

Nun haben wir die lange Rollbahn direkt vor uns:
Das neue Jahr kann starten und abheben, hinein in
einen Himmel, von dem wir nicht wissen, was er uns
zugedacht hat.

Ein bißchen unheimlich liegt es schon vor uns,
dieses neue Jahr – die ersten Flugbewegungen sollten
darum vorsichtig genommen werden.

Im Pendelschlag zwischen Glauben und Aberglau-
ben, zwischen Kirche und Bleigießen, zwischen
Glockenschlag und Feuerwerk – jeder nach seiner
Fasson – erobern wir dieses neue Stück Zukunft.

Wer wird der erste sein, dem wir am 1. Januar be-
gegnen? Ein Kind, eine alte Frau? Was bedeutet das?
Wer ruft als erster an, um Glück zu wünschen? Was
erwartet uns auf dem Schreibtisch, wenn der Alltag
wieder sein Schwungrad dreht?

*

Alles ist neu in diesen Tagen, das ist der Zauber, der
allem Anfang innewohnt. Sicher, es ist »nur« ein Ka-
lenderwechsel, gleichsam willkürlich, traditionell, alle Jahre wieder, und doch: Nichts ist so faszinierend
wie das Neue.

Psychologen und Ärzte wissen, daß Neues auf

Menschen wirkt wie ein Lebenselexier. Wir sind auf einmal wieder sprungbereit, wir wollen die Offerte, die uns da geschenkt wird, mit beiden Händen ergreifen. Eine neue Schulklasse, ein neues Auto, eine neue Stellung, eine neue Liebe, wir haben es im Leben tausendmal erfahren: All unsere Sinne sind plötzlich geschärft, wir mobilisieren unsere Hoffnungen, unsere Kräfte im Spiel des Lebens. Jetzt ist Kurskorrektur angesagt! Kurskorrektur bei der Lebensgestaltung. Mehr spazierengehen. Mehr Zeit für Freunde. Mehr Effizienz bei der Arbeit. Mehr Freundlichkeit miteinander.

*

Der Wunschzettel zu Silvester ist wichtiger als der Wunschzettel zu Weihnachten. Denn diesmal geht es nicht um Materielles, es geht um Substantielles. Es geht ganz schlicht um unser eigenes Leben. Aber wir sind im Gleichschritt mit allen anderen Menschen. Während wir bei unserem eigenen Geburtstag, beim Start in ein neues Lebensjahr, in ein Einzelrennen gehen, haben wir es diesmal mit einem Massenstart zu tun: Alle Menschen um uns herum sind wie wir unterwegs zu neuen Zielen, Träumen, Hoffnungen.

Und irgendwie suchen wir alle das, was wir uns zum Jahresanfang gegenseitig wünschen und was wir mit Glück umschreiben. Es gibt eine schöne Geschichte, in der ein Mann an die Gabelung eines Weges kommt. Auf dem einen Schild steht »Zum

Glück«, auf dem anderen steht »Vortrag über das Glück«. Weil der Mann, von dem ich hier spreche, ein Deutscher ist, wählt er den Weg zum »Vortrag über das Glück«.

In der Tat sind Selbstfindungs- und Lebenshilfebücher, die uns den Himmel auf Erden versprechen, immer noch die geheimen Bestseller unserer Zeit. Analysiert man aber ihre Rezepte, zieht man die Quersumme aller Ratschläge, landet man – du kannst es drehen und wenden, wie du willst – doch beim guten alten Erich Kästner: »Wird's besser, wird's schlimmer, fragt man alljährlich, seien wir ehrlich, Leben ist immer lebensgefährlich.«

*

So gut, so toll, aufregend, animierend, herausfordernd, chancenreich das Neue auch sein mag, von dem wir nun einen Zipfel in der Hand halten – ein bißchen Angst, Beklemmung, Verzweiflung ist immer dabei. Willkommen also, neues Jahr!

Miniaturen des Alltags

Unverhofftes Erlebnis
mit dem Sohn

Nein, die Überraschung lag nicht in der Luft. Sie kündigte sich auch nicht an. Es war ein Tag wie jeder andere. Es gab keinen Grund anzunehmen, daß etwas Besonderes geschehen würde, etwas ganz Außerordentliches, etwas sehr Privates, genauer: etwas Familiäres.

Und da muß man vorsichtig sein. Familie ist ein rohes Ei. Ein falsches Wort, und... Manche Psychologen sagen zwar, die Familie sei die beste Therapie für allerlei seelische Leiden, die erst durch die Familie entstehen. Aber so grundsätzlich will ich gar nicht werden.

Es geht um nichts anderes als um ein Abendessen. Es war unser Sohn, der zu unserer großen Freude überraschend vorschlug, »mal wieder essen zu gehen«. Einfach so. Es gäbe da ein fabelhaftes Lokal, ein sogenanntes In-Lokal, lauter junge, schicke Leute, aber wir würden da gerade noch reinpassen.

Der Wirt, kaum älter als mein Sohn, begrüßte ihn mit dem Satz »Schön, daß du deinen Alten mitgebracht hast«, wobei er uns aus dem Mantel half.

Die Speisekarte bekamen wir nicht zu Gesicht, denn der Meister zählte sofort fünf Gerichte auf, unter denen wir wählen konnten — »die Ente ist besonders kroß gebraten«, worauf wir alle Ente bestellten.

Es gibt so ein paar Zauberworte, bei denen die Zunge ah und ja sagt, kroß ist so ein Wort.

Dazu Wein, denn man muß die Feste feiern, wie sie fallen, und ein Abendessen mit dem Sohn, den man bei der Unerbittlichkeit, mit der die Tage immer schneller dahingehen, auch nicht mehr so oft zu Gesicht bekommt, gehört ohne Zweifel dazu.

*

Wollten Eltern erwachsen gewordener Kinder die Stunden zusammenzählen, die sie mit ihren Allerliebsten noch zusammensein dürfen, müßten die meisten auf den Minutenzeiger schauen.

*

Unsere Gespräche? Anders als früher drehten sie sich nicht mehr rückwärts in Richtung Studium, sondern vorwärts: hin zu Beruf, Leistung, Chancen, Risiken, Karriereträumen.

Und dann geschah das Unvorhergesehene: Ich winkte dem Wirt, der junge Mann verstand mein Zeichen, ging an seine Kasse, tippte die waigelsichere Rechnung in einen Computer, legte diese Rechnung garniert mit einer Praline – wohl um den Schrecken beim Anblick der Endsumme zu versüßen – auf einen silbernen Teller und kam zu uns.

Das war die Sekunde, in der mein Sohn das Gesetz des Handelns übernahm. Während ich noch die

Kreditkarte aus der Brieftasche fingerte und meine Brille suchte, hatte er zwei blaue Scheine mit einer ebenso lässigen wie zielstrebigen Geste dem Wirt in die Hand gedrückt, dem nur ein »Ach, so ist das« einfiel, ehe er sich entfernte.

Während ich gerade in einem Gefühl überströmenden Glücks zu einer pathetischen Lobpreisung anheben wollte – von heute an kommt der Dank des Kindes zurück, die elterliche Liebe trägt doch Früchte, ein wunderbares Erlebnis, zum erstenmal vom eigenen Sohn eingeladen zu sein –, meinte meine Frau nur: »Danke, das war eine fabelhafte Idee.« Sie war wieder einmal klüger. Cool, aber herzlich – das ist sicher die richtige und einzige Formel, will man auch zukünftig von seinen Kindern eingeladen werden.

Aber ein großer Tag war es auch für sie, das habe ich später gespürt, als meine Frau mich nämlich fragte: »Findest du nicht auch? Man fühlt sich plötzlich zu beschützt.«

Wir Kleinkünstler
des kalkulierten Mutes

Seltsam, wie das Gehirn »arbeitet«, wie es längst vergessene Assoziationen herbeizaubert: Plötzlich sah ich, bei harmloser Zeitungslektüre, einen Vers des Dramatikers Friedrich von Schiller vor mir, in stilisierter Runenschrift, wie damals üblich, als wir – die verführten »Kinder des Führers« – sogar mit Dichterworten auf den »Endsieg« vorbereitet wurden. »Und setzet ihr nicht das Leben ein, nie wird euch das Leben gewonnen sein«, hieß dieser Vers aus »Wallenstein«, der in großen Lettern in unseren Schulbüchern stand – aber wie hatte er sich ausgerechnet jetzt in meine Gedankenwelt einschleichen können?

Denn »das Leben einsetzen«, wofür und für was auch immer, das will doch heute keiner mehr.

Aber ein bißchen mit dem Leben spielen, wie ist es damit? Wie wäre es sonst zu erklären, daß sich die Reisebüros einem gespenstisch anmutenden Andrang auf das Unglücksschiff »Maxim Gorki« gegenübersahen, nachdem es gerade einer Katastrophe entkommen war?

*

Geheimnisvolle Menschenwelt! Verblüfft starren wir auf den seelischen Striptease unserer »Vollkaskoge-

sellschaft«. Denn der Mensch von heute, sozial abgesichert, eingepreßt in Alltagsmonotonie, überfüttert
durch das Fernsehen mit einem »Leben aus zweiter
Hand«, sucht natürlich das selbst erlebte Abenteuer.
Er möchte sehr wohl den Horizont des eigenen kleinen Daseins sprengen, nicht nur funktionieren, nicht
nur Rädchen sein.

Aber das geht bei uns Wohlstandskindern wohl
doch eher nach der Melodie einer entzückenden Geschichte, wonach der Tünnes – während er neugierig
in einen Gewehrlauf starrt – zum Schäl sagt: »Nun
laß den ersten Schuß mal ganz langsam kommen.«

Ja, wir wollen zwar das Außergewöhnliche, das
Abenteuer, aber es muß, bitte schön, kalkulierbar
sein. Nervenkitzel? Nichts dagegen, aber mit Garantieschein gegen wirkliche Gefahren. Einsamkeit,
Wildbäche, Kälte und Eis, alles gut und schön, am
liebsten in Verbindung mit einer vorausgebuchten
Hütte, von der aus man den Bären sehen kann – aber
mit der Zusicherung der Reiseleitung, auf keinen Fall
von ihm erschlagen zu werden.

So erscheint das »Abenteuer«, das wir für unsere
seelische Balance immer wieder suchen, in vielerlei
Masken. Schon der Start in die Ferien mit dem präzise vorausgesagten Autobahn-Stau gehört dazu. Es
ist einfach nicht wahr, daß wir den Stau fürchten
(dann würden wir ja nicht alle am ersten Ferientag
aufbrechen) – insgeheim ist er längst eingeplant: Vor
den Sommersonnentraum an der Adria haben die
Feriengötter die schleichende Blechkarawane am

Brenner gesetzt; und die Unsicherheit, ob man abends noch sein Hotel erreicht, war's denn oft schon, was uns vom Wagnis übrigbleibt.

*

Nein: Wir bleiben, was wir sind – Kleinkünstler des kalkulierten Mutes. Wir sind es beim Reisen – und im Leben sowieso, das ja einer Reise ähnelt. Und auf keinen Fall »setzen wir unser Leben ein«, weil wir – allem Wehklagen zum Trotz – eines ganz genau wissen: daß wir unser Leben schon längst »gewonnen« haben, mag es uns auch manchmal eintönig, abgezirkelt und spannungslos erscheinen.

Eine Blasphemie und die Sehnsucht nach der großen Freiheit

Also, Vater ist der Größte. Sein Sohn kann sich gar nicht beruhigen, wie vital sein Vater ist. Ein knackfrischer Mittfünfziger. Der Sohn bestaunt ihn mit einer pikanten Mischung aus Stolz und Verwunderung. Denn sein Vater ist in der Philosophie der Leistungsgesellschaft nichts. Kein Beruf mehr. Geopfert auf dem Altar des Lean Management.

Kaum zu glauben, denn der Mann ist so putzmunter, daß er manch jüngeren Konkurrenten in die Tasche stecken könnte. Aber sie wollten ihn in der Firma nicht mehr haben. Das Schlupfloch, durch das er in die große Freiheit entschlüpfen konnte, hat einen Namen: Vorruhestand.

Der Name ist ein Witz, das Wort Ruhe Blasphemie. Und auch die Sache mit dem Stand, diese statische Sache, stimmt bei ihm – wie bei vielen anderen – überhaupt nicht: Vater ist der bewegliche Mann schlechthin. Sein Terminkalender ist so eng, daß sogar der Sohn Glück haben muß, will er einmal in Ruhe mit ihm reden.

Die Mutter? Die Mutter spielt das Vorruhestandsspiel genüßlich mit. Sie ist voll darauf abgefahren. »Endlich hab' ich meinen Mann für mich allein«, sagt sie und fühlt sich plötzlich wieder »ganz Frau«.

Das neuverliebte, freiheitswütige Elternpaar tobt

durch die Gegend, daß Sohn und Tochter kaum mit dem Adressenschreiben nachkommen. Mal eine Spritztour an die Adria, mal ein Last-Minute-Flug nach Mallorca, »in vier Tagen hin und wieder zurück«, ein Wanderurlaub im Bayerischen Wald, »da waren wir noch nie«. Nur eines möglichst nicht: zu Hause bleiben.

Zu Hause, das muß wie eine Krankheit sein, etwas, das die Seele lähmt. Dabei haben die Eltern ein so schmuckes Heim, allen Komfort, dazu einen kleinen Garten, Natur, die nichts fordert, alles leicht zu handhaben. Und doch: Am Tag, als die Kündigung kam, als der Vater sein Leben wie in einem verkehrt herum gehaltenen Fernglas plötzlich ganz klitzeklein sah, erschien ihm sein Domizil von bedrückender Enge. In dieser Sekunde begann die Sehnsucht nach der großen weiten Freiheit.

Klarer Fall, daß auch die Tochter unter dem neuen Leben der Eltern litt. Wenn sie ihre Mutter anrief, um einmal nachzufragen, ob vielleicht für ein paar Tage eine großmütterliche Stallwache denkbar sei, weil sie sich von dem Babygeschrei erholen wollte, hörte sie nur den Seufzer: »Tut mir leid, mein Kind, wir sitzen schon auf gepackten Koffern.«

Aber auch wenn die Eltern nicht durch die Gegend düsen, sind Termine bei ihnen schwer zu bekommen: Sie taumeln zwischen Gymnastikkurs, Spanischunterricht, Tennistrainerstunden und anderen Verpflichtungen – keine Zeit! Keine Zeit! – hin und her.

Kürzlich trafen sich die Geschwister in der Stadt. Der Sohn fragte eher beiläufig, ob die Schwester Neues von den Eltern erfahren habe. »Wollten die nicht jetzt nach New York?« – »Nein, ich soll dich grüßen, wir treffen uns am kommenden Sonntag zu einem familiären Abendessen.« – »Das wird nach einem halben Jahr ja auch Zeit«, sagte der Sohn, der seinen Vater mehr liebt, als dieser ahnt.

Und doch: Als die Kinder zum vereinbarten Termin erschienen, entdeckten sie einen Zettel an der Tür: »Kommt nach, sind bei den Freunden gegenüber, sie haben uns spontan eingeladen, Ihr seid auch willkommen.«

Das war die Sekunde, da die Schwester resignierend zu ihrem Bruder sagte: »Eigentlich wäre es doch ganz schön, wenn man mal so richtig altmodische, ruhige, seßhafte Eltern hätte.«

Was der Bruder nur noch mit dem Satz kommentierte, daß Eltern eben heute auch nicht mehr das sind, was sie einmal waren.

Ein Abendessen mit Schopenhauer und Otto

Plauz! Da kamen sie durch die Tür. Eben war es noch ganz ruhig, wir konnten über den Lauf der Welt philosophieren, konnten das Klingen unserer Gläser hören, mit denen wir auf einen geruhsamen Abend anstießen, wir konnten uns – obwohl in einem Restaurant – in unserer Ecke wie in einer Nische fühlen, kuschelig, fast wie zu Hause, aber dann fiel – plauz! – eine Reisegesellschaft von zehn Personen im Lokal ein.

Die Katastrophe deutete sich an, als ein Ober beflissen zwei Tische zusammenrückte, direkt neben uns, sozusagen in Atemnähe, wie wir schon Sekunden später spüren sollten. Da war ein »Hallo« und »Hallöchen«, da war ein Bussi hier und ein Bussi dort, da waren Jubel, Trubel, Heiterkeit.

»Eine Runde Pils können Sie schon mal auf jeden Fall bringen«, rief nun ein Mann zur Theke, dem man ansah, daß er später die Rechnung bezahlen würde. Es befindet sich in solchen Gruppen immer einer, der zahlt, und geheimnisvollerweise erkennt man die Spendablen auf hundert Meter gegen den Wind.

Natürlich hielt ich sofort Ausschau nach einem ruhiger gelegenen Platz. Aber die Bude war rappelvoll. Und die Steinpilzsuppe und das Hors d'œuvre hatten wir schon hinter uns, gleich würde das Filet Mignon kommen. Wir waren in der Halbzeit, da würden wir den Rest des Abends wohl auch noch schaffen.

*

Das sollte sich als Irrtum erweisen. Ich hätte wissen müssen, was mir bevorstand, wenn zehn amüsiersüchtige Menschen mit einem Plauz! Platz neben dir nehmen. Man sah ihnen ja an, daß sie an diesem Abend die Puppen tanzen lassen wollten.

Was heißt hier Schopenhauer, der zufällig Thema unseres Gesprächs war, was heißt hier Nische, was heißt hier Wunsch nach einem gemütlichen Abend – zwei Meter entfernt kamen die Themen, die wirklich von dieser Welt sind: Bundesliga, Beckenbauer und Bayern und natürlich Otto, aber nicht der Waalkes, nein, der Rehhagel. Berühmt ist man, wenn der Vorname genügt und jeder auf Anhieb weiß, um wen es sich handelt. Blödel-Otto muß aufpassen, jetzt macht ein anderer Otto das Publicity-Rennen.

Nach zwanzig Minuten glomm ein Hoffnungsfunken auf, denn die Nachbarn drosselten plötzlich die Lautstärke, die Gespräche schienen die blanke Oberfläche zu verlassen und in die Tiefe zu gehen. Aber dann entdeckte ich: Es war nur die Suppe! Zwei, drei köstliche Minuten voller Schlürfen und Distinktion, dann erhob der Mann, der später zahlen würde, das Glas zum Rundumtrunk.

Im Schallschatten von Gedröhn und Klamauk hatten wir längst unseren eigenen Gedankenaustausch eingestellt und uns ganz auf das Beobachten der fröhlichen zehn kapriziert, Gesprächsfetzen aufgeschnappt und unsere Achterbahnfahrt zwischen selbstbefohlener Toleranz und Wut über den letztlich doch verlorenen Abend angetreten.

Da erschien, auf ein Fingerschnippen, der Gastronom, von dem man gerne sagt, daß er die Welt so sieht, wie sie ißt – und brachte die Rechnung. Minuten später war die Truppe draußen, ein Bus holte sie ab.

*

Was nun noch geschah, will ich nicht verschweigen: Die Ober rückten die Tische wieder auseinander, meine Frau und ich versuchten, an unser Gespräch anzuknüpfen, aber wir hatten den Faden verloren – und überhaupt war es plötzlich in dem Restaurant gar nicht mehr so interessant, aufregend, ärgerlich, lustig, laut, kurzum: lebendig.

Während ich noch den Spruch losließ, daß sich Gäste, die sich in einem Lokal »wie zu Hause« fühlen, meist leider auch so benehmen, meinte meine Frau: »Irgendwie ist es jetzt langweilig. Komm, laß uns gehen.«

Von Sehnsucht getrieben – niemand ist dort, wo er eigentlich hingehört

»Freunde, macht Euch drauf gefaßt: Es wird ein grausames Gedränge geben! Ob der Sommer sehr groß sein wird, wie ihn noch Rainer Maria Rilke besingen konnte, das weiß keiner. Aber er wird total überfüllt sein, das verraten heute schon die Computer in den Reisebüros.«

Die größte – freiwillige – Fluchtbewegung in der Geschichte der Menschheit steht (wieder einmal) bevor. Angeheizt mit Glanzprospekten, aufgeheizt mit Preisknüllern, erscheint uns Wintermüden plötzlich die ganze Erde als Riesentorte, man muß sich nur ein Stück herausschneiden. Ein bißchen Mauritius? Oder Kalifornien? Warum nicht! Mallorca ist längst ein deutsches Vorortparadies. Selbst China-Offerten kommen uns nicht mehr spanisch vor.

*

Das Last-Minute-Ticket nach Ibiza ist jetzt schon für zwei Hundertmarkscheine zu haben, »lieber braun als down« singt dazu die Werbung. Ein Plakat zeigt eine Bikini-Schönheit, die ins Meer schreitet, »laß alles hinter dir«, lautet die Verführung: Ehesorgen, Arbeitsplatzsorgen, deutsche Sorgen. Und vergiß die Tiefdruckgebiete, die unerbittlich von den Britischen Inseln nahen. So einfach ist das alles.

Aber ist es wirklich so einfach? Vor ein paar Stunden bekam ich auf dem Flughafen von Miami einen Vorgeschmack auf den Sommer. Glitzernd weiß die Abflughalle, wie in *Miami Vice*, Fernsehbilder als erlebte Wirklichkeit. Tausende von Menschen. Lärm. Hitze. Und wohin man heute kommt, immer ist schon einer da: Schlangestehen, Herumhängen in tiefen Sesseln, mühseliges Anstehen nach einem Drink, wieder endloses Warten.

Dann: hinein ins Flugzeug, zehn Stunden lang. Bei allem möglichen Komfort: kein Arbeitgeber würde einem diese klimatisierte Strapaze zumuten. Dazu die Verspätungen! »Bald gibt es eine Gewerkschaft der Reisenden«, sagt jemand neben mir.

Dann: Landung in Frankfurt, total übermüdet. Ein Blick auf die endlosen Rollbänder, die sie alle transportieren: die Manager mit den grauen Gesichtern und den kleinen schwarzen Koffern, die quietschfidelen Alten, die wohl heute nie mehr müde werden, die heimgekehrten Sonnensatten – und auf der entgegengesetzten Rollbahn die Sonnenhungrigen, die zu ihrem Gate gebaggert werden.

*

Alles ist auf Achse, niemand ist dort, wo er eigentlich hingehört, ein Strom ohne Ende und Anfang – alle Flughäfen könnten heute Sehnsucht heißen.

Denn Sehnsucht treibt uns: Wir hoffen immer, daß es woanders schöner ist, daß wir dort zu uns selbst finden, daß wir ein Stück Leben erobern, das bunt, sonnendurchglüht, erfolgreich, farbig, wunderbar ist.

Und unwillkürlich fragt man sich: Wohin geht eigentlich die Reise mit der Reise? Wird eines Tages die eine Hälfte der Menschheit damit beschäftigt sein, die andere Hälfte in Schwung zu halten? Der Streß des Alltags, dem man entfliehen will, wird sich nur verwandeln – in Ferienstreß!

Vielleicht erleben wir eines Tages sogar noch den Gipfel der Paradoxie: daß nur noch jene die Reisestrapazen durchstehen, die bereits erholt losfahren.

Ja, nichts scheint mehr unmöglich in dieser neuen, wundersamen, herrlichen, anstrengenden Welt des Unterwegsseins. Und der höchste Preis – trotz aller Discountpreise – wäre, wenn wir zwar mit brauner Haut (»Sie sehen aber fabelhaft aus«), aber ferienerschöpft (was nur wir spüren) nach Hause zurückkommen.

Aber da sei der kommende Sommer noch einmal davor – hoffentlich!

Der barmherzige Herr ... –
»die Krone eines guten Namens
ist höher als alle anderen«

Ich kann nur bitten, ja flehen: Habt Mitleid, seid barmherzig, fragt euch, ob es euch nicht auch schon tausendmal so ergangen ist wie jetzt mir, bei einem dieser vielen Empfänge.

Ich stand da im Gedränge, das obligatorische Glas Sekt in der Linken, schaute mich neugierig um. Ich wollte in den Gesichtern studieren, wie die anderen die Zeit überstanden haben, seit man sich vor einem Jahr sah.

Da trat jemand strahlend auf mich zu. Er streckte mir die Hand entgegen, als ob wir schon lange Freunde seien, erinnerte mich auch sofort an unser letztes Zusammensein – er wußte es, er wußte es wirklich! Ich aber fühlte mich seelisch nackt.

Denn mir fiel das wichtigste Wort nicht ein, das zu hören er nun Anspruch hatte. Mir fehlte der Schlüssel, um das Schloß zu öffnen, damit sich Geschwätz in ein Gespräch verwandeln kann. Kurzum: Ich hatte keinen Schimmer, wie er heißt.

Der eigene Name aber ist – Dale Carnegie, der große amerikanische Lebenskünstler, hat es schon vor Jahrzehnten geschrieben – das allerwichtigste Wort im Leben eines jeden Menschen.

Verständlich, was nun passierte: Während mein Gegenüber Kaskaden von gemeinsamen Erinnerungen abschoß, während ich so tat, als ob ich konzentriert zuhörte, dachte ich in Wahrheit nur eines: Wer um Gottes willen ist das?

In diesen trostlosen Situationen naht hin und wieder aber dann doch Rettung! Denn erfreulicherweise erkennen geübte Partylöwen schon nach kurzer Zeit die Malaise und greifen zu einem Trick, der die Krankheit der Vergeßlichkeit in Sekunden heilt.

In meinem Fall erzählte mir der freundliche Herr, daß er kürzlich mit Helmut Schmidt zusammengewesen sei, der in seiner schneidigen Art zu ihm gesagt habe: »Also, das können Sie sich abschminken, Herr Sowieso, das sehe ich ganz anders.«

Welch eine Erlösung. Herr Sowieso hatte mir soeben auf ebenso geschmeidige, indirekte Weise kundgetan, daß ich mit Herrn Sowieso spreche. Amen und danke.

*

Nun gibt es keine Grausamkeit, die sich nicht steigern ließe: Sie besteht darin, daß man sich beim Hinzutreten eines Dritten plötzlich gar gezwungen sieht, die Herrschaften miteinander bekanntzumachen.

Das sind genau jene Augenblicke, in denen man trotz Sekt, Kaviar und Lachsbrötchen am liebsten geräuschlos im Erdboden versinken möchte.

Denn natürlich ist der Name nicht Schall und Rauch, wie uns das Sprichwort weismachen will. Da weiß es der Talmud schon besser: »Es sind drei Kronen: des Richters, des Priesters, des Königs. Aber die Krone eines guten Namens ist höher als alle anderen.«

Und natürlich will jeder, der einen solchen guten Namen hat – und mit wem, bitte schön, reden wir denn sonst? – ihn auch hören.

Aber in unserer seelischen »Fastfood«-Gesellschaft, angelegt auf schnellen Umschlag, auf ausufernde Kontaktpflege, auf Blitzfreundschaften, kann einem ein Name schon mal verlorengehen.

*

Seid also barmherzig, wenn einer herumstottert – und denkt an den Trick mit Herrn Sowieso, der hiermit zur Nachahmung empfohlen sei. Sagt einfach selbst, wer ihr seid, auf daß man euch mit Namen rufen kann.

»Schreiben Sie doch mal über
diesen phantastischen Sommer«

Sie arbeitet in einem Ministerbüro, im Hexenkessel, wo alle Fäden zusammenlaufen, wo die Termine abgestimmt werden, im Koordinationssystem der Macht und der – vermuteten – Herrlichkeit. Ihr Chef ist ein Minister, den wir nur im Fernsehen sehen, wenn wir ihn sehen, und den sieht sie jeden Tag. Soviel Glück hat seinen Preis – unter zwölf, vierzehn Stunden täglich läuft da nichts.

Und ausgerechnet diese Frau, die vor ihrem Dreifensterzimmer auf den großen deutschen Sommer schaut, ohne ihn so recht genießen zu können, sagt zu mir am Ende eines Telefonats: »Übrigens, schreiben Sie doch mal etwas über diesen phantastischen Sommer.«

»Da ist doch schon alles gesagt, da gibt es doch nichts Neues, keine neue Erkenntnis.«

»Aber ich bitte Sie, halten Sie doch mal Ihre Augen offen. Dann sehen Sie doch, was in diesem Land passiert, welche Heiterkeit bei uns eingezogen ist. Wenn das kein Thema ist, wüßte ich nicht, was ein Thema sein sollte.«

»Und das sagen Sie, die Sie kaum Zeit haben, einmal um den Block zu gehen?«

»Aber ja, ich spüre den Sommer bei den Menschen. Sie kleiden sich anders, sie reden anders, sie lächeln mehr, sie nehmen sich Zeit. Allein die halb leergefegten Städte im Sommer, wenn dir die Straßen gehören, wenn du mühelos Parkplätze findest – das ist doch alles Stoff genug.«

»Ich habe soeben die Bilder aus Paris gesehen, das U-Bahn-Attentat, die Toten, die Verwundeten, diese schrecklichen Bilder, bei denen ich erst dachte, es seien noch weitere Bilder von dem Attentat in Tel Aviv, das tags zuvor passierte. Verstehen Sie, daß mir da nicht nach Sommerlyrik zumute ist?«

Mit dieser Antwort, die meiner augenblicklichen Stimmung entsprach, hatte sie nicht gerechnet, es blieb für einige Zeit still. »Natürlich verstehe ich Sie. So ergeht es mir auch, eigentlich täglich, wenn ich mir die Grausamkeiten aus den Kriegsgebieten anschauen muß. Das bringt man nur schwer zusammen, diesen deutschen Sommer und das Leid ein paar Flugstunden entfernt. Aber haben wir nicht alle lernen müssen, daß das eine in dieser Welt nicht zu haben ist ohne das andere, das Gute nicht ohne das Böse, der Sommer nicht ohne den Winter, Geburt nicht ohne Tod –, um es mal philosophisch zu sagen.«

Darüber möchte ich doch bitte etwas schreiben, sagt sie, meinen Einwand, dies sei doch alles allseits bekannt, läßt sie nicht gelten.

»Wissen Sie, was ich beobachtet habe? Daß man die Deutschen immer wieder mit der Nase darauf stoßen muß, damit sie wissen, wie gut es ihnen geht, diesmal sogar auch wettermäßig. Eben kam eine Mit-

arbeiterin und jammerte, sie könne die Hitze nicht
ertragen. Ich fragte sie, ob sie sich im Winter nicht
ein paar solcher Tage gewünscht hätte. Da war sie
stumm.«

»Mußten Sie mit Ihrer Mitarbeiterin etwa auch
über die Ozongefahren diskutieren?«

»Ach, du meine Güte, das gute alte Ozon, das jetzt
anscheinend erst richtig entdeckt wurde... mit deutscher Gründlichkeit.«

»Ja, wir sind dabei, uns zu einer Nation von Hy-
pochondern und Öko-Hysterikern zu entwickeln.
›Ökochonder‹ müßte man eigentlich sagen, so eine
Art von Krankheit der Wohlstandskinder, die trotz aller Umweltbelastungen immer älter und älter werden.«

»Ob mit Ozon oder ohne Ozon, ob mit Stau auf
Autobahnen oder ohne Stau, der deutsche Sommer
ist dieses Jahr phantastisch. Und da ich in der Politik
zu Hause bin, weiß ich: Die Menschen müssen es
hören, auch wenn sie es schon wissen. Das Gute
kann man nämlich gar nicht oft genug hören.«

Der kleine Lärm, der die
Musik des Lebens ausmacht

Es gibt hin und wieder Zeilen eines Gedichts, die wie das Klingen eines Glases sind. Sie schwingen nach, wecken versteckte Gefühle. »So komme, was da kommen mag, so lang du lebest, ist es Tag« von Theodor Storm sind für mich solche Zeilen.

Und wir kennen Sätze, die man noch nach Jahrzehnten zitieren kann, die sich im Gedächtnis festschrauben. Wundersam ist, daß diese Sätze überhaupt nicht literarisch und funkelnd wie Edelsteine sein müssen. Es genügt eines: Sie müssen ehrlich sein.

*

Als junger Reporter mußte ich die Witwe eines Schauspielers interviewen, der sehr jung an Herzversagen gestorben war.

Jugendliche Forschheit und die innere Entfernung von allem, was mit Tod zu tun hat, ließen mich gleich zu Beginn unseres Gesprächs eine Frage stellen, die – heute betrachtet – von beschämender Taktlosigkeit war.

»Was ist es, was Sie hauptsächlich seit dem Tod Ihres Mannes vermissen?«

Ich dachte, die Witwe würde mir nun von den

großen Leidenschaften erzählen, die ihren Mann im Theater und beim Film zu dem gemacht hatten, was er schließlich war – ein Star, den Millionen kannten und verehrten.

Oder sie würde die den Zuschauer abgekehrte Seite ihres Mannes beleuchten, die höchst empfindsam war, die das Zusammenleben mit ihm zuweilen so schwierig machte, man hatte darüber in den Illustrierten schon allerlei gelesen.

Doch nichts dergleichen geschah. Die Frau in Schwarz vor mir senkte die Stimme. Sie hielt lange Zeit inne, sie suchte nach Worten. Dann kamen Sätze, die ich niemals erwartet hätte. Sie klangen so kühl. Beinahe banal. So weit weg von alldem, was man von Theatermenschen eigentlich erwartet hatte.

Ja, die Antwort auf meine Frage war etwas so total Schlichtes, daß ich es gar nicht in meinem Reporterblock notierte.

»Ich will Ihnen sagen, was mir jetzt fehlt. Das ganz Alltägliche. Daß mein Mann morgens fragt, ob die Sonne scheinen wird. Daß er in der Badewanne pfeift. Daß ich ihm nachwinke, wenn er geht. Daß er die Tür zuschlägt. Nichts Großes. Wissen Sie, nur dieses verdammt Alltägliche.«

Natürlich war ich unzufrieden. Ich hoffte mit meiner Frage in der Seele der Frau etwas zu finden, was bisher verborgen geblieben war. Aber schon in dem Augenblick, da sie mir diese für mich erschütternd banale Antwort gab, wußte ich: Ich werde ohne Ergebnis von dannen ziehen, denn das, was sie mir offenbart hatte, war niemals eine Schlagzeile wert, würde keinen Menschen interessieren.

Aber es war die Wahrheit. Es waren ehrliche Empfindungen. Darum habe ich sie über Jahrzehnte nicht vergessen. Heute weiß ich, daß diese kleinen Dinge in ihrer Addition ganz groß sind. Der flüchtige Kuß. Das gemeinsame Frühstück. Das Staunen über den aufziehenden Mond. Das Planen einer gemeinsamen Reise. Ein Pfeifen im Nebenzimmer.

Vielleicht hat Antoine de Saint-Exupéry das in jenem Nachtgebet am schönsten ausgedrückt, das er für seine Frau Consuele schrieb: »Herr, Herr, rette meinen Mann, weil er mich wirklich liebt. Gib, daß er vor mir stirbt, denn obwohl er so stark erscheint, ängstigt er sich so sehr, wenn er mich im Haus keinen Lärm machen hört.«

Ja, vielleicht ist es wirklich der kleine Lärm, der die Musik des Lebens ausmacht...

Miniaturen des Alltags

Oft sind es die kleinen, unscheinbaren Dinge des Lebens, die plötzlich wichtig werden und neue Gefühle auslösen. Wir erleben sie oft, diese Miniaturen des Alltags, ohne aber immer sofort zu erkennen, was sie uns bedeuten.

*

Die Tür eines Kindergartens öffnet sich. Mit feuerroten Gesichtern purzeln die Kinder hinaus auf die Straße. In ihren Augen glüht noch die Spielfreude. Und plötzlich denkt die Mutter, die ihre Tochter abholt: Ja, Kinder sind vielleicht die einzigen, die noch im Paradies leben, womöglich dem letzten auf dieser Erde.

Sie breitet die Arme aus, damit ihr Kind aufgefangen wird. Da sieht sie zwei Tränen auf der Backe. »Warum weinst du? Was ist los?« Die Antwort des etwa vierjährigen Mädchens kommt unter Schluchzen: »Karin hat mir meine Puppe weggenommen.«

Zwei Tränen nur ... Da wußte die Frau, daß der Gedanke mit dem letzten Paradies ein Irrtum war. Auch bei den Kleinen geht es zu wie bei den Großen – auch dort vertreibt einer den anderen aus dem Paradies.

Da ist der Angestellte in einer Behörde. Sein Zimmer ist lang, schmal, hoch und hat zwei Fenster. »Sie haben aber einen netten Arbeitsplatz«, sagt ein Besucher. Nur so eine Floskel. Aber als der Mann gegangen war, erinnert sich der Angestellte wieder an diesen einen Satz.

Er schaut sich um. Ja, das Zimmer ist zwar klein, aber hell und freundlich. Den ganzen Nachmittag kommt die Sonne herein. Ein Bild, das seine Frau mit den Kindern im Urlaub auf Malta zeigt, steht auf dem Schreibtisch. Er hat einen wirklich netten Arbeitsplatz. Er hat es gespürt, aber es war ihm nicht klar. Nun, da es ein anderer ihm gesagt hat, ist es auch ihm bewußt. Fremde Augen sehen oft mehr.

*

Begegnung mit einem alten Kollegen, den man seit Ewigkeiten »nicht gesehen« hat. Jeder hat es eilig. Dann höre ich den Satz, den ich so liebe: »Wir telefonieren mal miteinander.« Und dann das Versprechen: »Ich rufe dich an, altes Haus.«

Nachdem er um die nächste Straßenecke verschwunden war, denke ich: Merkwürdig, er hat mich ja gar nicht gefragt, ob und wie und wo ich telefonisch zu erreichen bin. Und: Er sprach mich nicht mit meinem Namen an; vermutlich wußte er ihn gar nicht mehr.

Ich hatte mich nicht getäuscht. Unsere Begegnung liegt Wochen zurück, nichts ist seither geschehen.

Ich war aber nicht enttäuscht. Ich habe längst gelernt: »Wir telefonieren mal«, das heißt heutzutage leider oft soviel wie: »Wir werden nie etwas voneinander hören.« Es ist eben nur eine Redensart, nicht aus jenem Holz geschnitzt, aus dem Versprechen gemacht sind.

*

Der Abend unter Freunden quält sich dahin. Nachdem es um die Politik Streit gegeben hatte, war die gute Anfangsstimmung verflogen. Ich fühlte Müdigkeit.

Ich schaute auf die Uhr, gleich halb elf. Unmöglich, sich jetzt schon zu verabschieden. Die Dame des Hauses hatte sich soviel Mühe gegeben.

Dann geschieht das Unerwartete. Einer der Gäste erhebt sich plötzlich und verabschiedet sich mit dem Hinweis: »Ich bin total müde, nicht böse sein« aus der Runde, die mehr als nur konsterniert ist. Er ist mir zuvorgekommen. Nun mußte ich wirklich bis 24 Uhr »durchhalten«. Aber seither frage ich mich: Warum ist es eigentlich unhöflich, zu sagen, man sei müde — wenn man doch wirklich müde ist?

*

Ja, oft sind es die kleinen, unscheinbaren Dinge des Lebens, die plötzlich wichtig werden.

Wenn im Hotel nur der
Flaschenöffner fehlt...

Sehr geehrter Herr Hoteldirektor, Sie haben ein großes Haus zu führen, mit über dreihundert Betten, ein modernes Haus, funktionell, computergesteuert, Anreise, Durchreise, rein, raus. Die meisten Ihrer Gäste sind Geschäftsleute mit dem superflachen Erfolgskoffer, an denen der kleine gelbe Traveller-Club-Anhänger der Lufthansa hängt, Signale der Bonusmeilenmenschen, die unermüdlich nach Meilen und immer noch mehr More jagen.

Es macht Spaß, in Ihrem Haus zu sein. Ich kann alles nur loben, bis auf einen Punkt, auf den ich gleich zu sprechen komme. Ich habe mich natürlich gefragt, worin das Geheimnis dieses Wohlfühlens besteht. Vielleicht liegt es doch nicht an der neuen durchgestylten Empfangshalle. Einer Ihrer Kollegen verriet mir kürzlich: »In unserer Branche suchen sich die Gäste immer gegenseitig aus – und kommen dann immer wieder.«

Es gibt aber, sicher ist sicher, noch einen zweiten Schlüssel, und der hat mit der Gastfreundschaft zu tun. Joseph Roth konnte vor siebzig Jahren schreiben: »Der Blick, mit dem mich der Portier begrüßt, ist mehr als eine väterliche Umarmung. Und als wäre er wirklich mein Vater, bezahlt er aus eigener Westentasche den Fahrer. Dann tritt auch schon der

Empfangschef im Cutaway aus seinem gläsernen Verschlag und lächelt, so selig scheint ihn meine Ankunft zu machen.« Diese Freundlichkeit des Dienens verband sich mit dem Menschlichen auf eine so wunderbare Weise, daß der Dichter ins Schwärmen geriet.

Auch heute gibt es sicher hier und da noch eine ähnlich warmherzige Begrüßung durch das Personal, aber wichtiger sind andere Punkte geworden, die Sie durch jenen Vier-Seiten-Fragebogen erforschen wollen, den ich in meinem Zimmer fand.

Zimmer bei der Ankunft schon frei (leider um 15 Uhr noch immer nicht), lagen Fussel auf dem Teppich, waren die Kacheln im Bad gescheuert (das kann nur meine Frau erkennen), floß das Wasser in der Badewanne schnell ab (nein, es gluckerte langsam), standen Tabletts auf den Fluren mit abgegessenem Geschirr herum, reichte die (40 Watt) Leselampe aus (natürlich nicht) usw., usw. – zweihundert Positionen, woran ein Hotelmanager alles denken – oder denken lassen muß.

Und nun verrate ich Ihnen, warum ich gestern Nacht 3.14 Uhr in meinem Zimmer im Quadrat sprang: Ich suchte einen Flaschenöffner. Ich kam, durstend, fast verdurstend, nicht an das verdammte Wasser in der verdammten Flasche heran, ich zerbrach bei dem Versuch, die Flasche zu knacken, zuerst die Spitze meiner Schere, schnitt mir dabei tief in den Daumen, fand – natürlich – kein Hansaplast, nur den kleinen Beutel mit Nähseide neben der hoteleigenen Bibel...

Ich will mit dieser Episode nur sagen, daß es im Hotel wie im richtigen Leben ist: Fällt nur ein Rädchen im Getriebe aus, ist all das Wunderbare, Erstaunliche, was Sie und Ihre Mitarbeiter tagtäglich bieten, plötzlich vergessen.

Tausend Dinge stimmen, aber fehlt einmal so ein lächerlicher Flaschenöffner, sagen wir, es ist alles auch nicht mehr so wie früher. Ja, es ist ein harter Job, Direktor zu sein, nicht wahr?

Da könnte man ja direkt
neidisch werden ...

Liebe Freundin, es gibt Momente, in denen man sich schämt, die Wahrheit zu sagen, und ich gestehe, daß gestern bei unserem Telefongespräch ein solcher Augenblick gekommen war, als Sie mich fragten, wie es mir hier in Amerika ergehen würde.

Sie wußten, ich bin in Florida unterwegs, und als ich eher beiläufig sagte, ich spräche gerade aus Palm Beach, da war das für Sie vermutlich ein Codewort, hinter dem Ihre Sommer-Sonnensehnsucht jäh aufflackerte. Dafür kenne ich Sie zu gut, ich weiß um Ihre Wintermüdigkeit – und Ihr langgedehntes Echo »phantastisch Palm Beach« zeigte es mir auch.

Wie in jenen vorbeifetzenden Bildern der Videoclips sah ich Sie nun sekundenschnell vor mir: in Ihrem schmalen Büro, am Leuchtschirm des Computers, vor dem Fenster ein unbeweglicher grauer Hamburger Wintertag, der Wind aus Nordwest gegen die Scheiben schlagend – und um zwei Uhr mittags ist es draußen schon wieder oder immer noch dunkel.

Und weil ich um diesen Kontrast weiß, zögerte ich kurz, ehe dann doch aus mir herausprudelte, was die Wahrheit ist: Hier scheint die Sonne von neun bis sechs, jubelte ich, das Meer kommt mit lässigen fünfundzwanzig Grad angerollt, der Himmel ist so tiefblau, als sei er aus Italien importiert, die Palmen wiegen sich in einem weichen, wogenden Wind – und Deutschland mit seinen Querelen ist so unendlich weit weg.

Ob Sie mir nun glauben, liebe Freundin, oder ob Sie es mir nicht glauben: Ich bereute meine Worte, kaum daß ich sie ausgesprochen hatte, weil ich dachte, man sollte anderen Menschen, denen es – zumindest augenblicklich – nicht so gutgeht, mit solch glühenden Schilderungen nicht den Mund wäßrig machen.

Wieviel klüger wäre es, alles etwas tiefer zu hängen, alles herunterzuspielen, beispielsweise vom Regen zu berichten, der gestern für Minuten aus buchstäblich heiterem Himmel herunterprasselte, ohne damit allerdings, wie bei uns zu Hause, gleich die Heiterkeit aus dem Tag zu nehmen.

Und ich fragte mich: Wie reagieren wir selbst, wenn wir einmal im Schatten sind, auf Botschaften aus der Welt des Faulenzens, des Luxus, der Wärme, der Sonne? Sehr oft doch mit dem verräterischen Satz: »Wenn ich das so höre – da könnte man ja direkt neidisch werden.«

Nun ist Neid eine Eigenschaft, die uns Deutschen besonders oft und dauerhaft zugeschrieben wird. Etwa in dem Klagelied der Erfolgreichen, die deshalb auch besonders darunter zu leiden haben: Neid sei die höchste Form der Anerkennung, zu der die Deutschen fähig sind.

Um so mehr habe ich mich über das gefreut, was

Sie nach meinen Lobpreisungen zu mir ▮
wissen es vielleicht gar nicht mehr, ich weiß es ▮
genauer – Ungewöhnliches behält man gut. Sie beendeten unser Telefonat mit den Worten: »Ich wünsche Ihnen völlig neidlos weiterhin wunderbare Tage.«

Wissen Sie, was ich mich fragte, als ich den Hörer auf die Gabel gelegt hatte: Wie viele Menschen kennst du, die so ehrlichen Herzens und ohne jede Spur von Neid dir Gutes wünschen?

Es sind – Sie werden nicht überrascht sein – nur wenige in dieser Zeit, die unter dem schon von Konrad Lorenz vor Jahrzehnten diagnostizierten »Wärmetod der Gefühle« leiden.

Nun mögen Sie denken, Ihre Worte seien der Rede nicht wert, aber ich sage Ihnen: Es sind genau diese leisen Töne, die die Melodie unseres Lebens ausmachen. Nur so sind der Regen von Hamburg wie die Sonne von Palm Beach zu ertragen.

Eingeständnis einer Niederlage

Es gibt keinen Trost. Es gibt kein Verzeihen, kein Beschwichtigen, keinerlei Rechtfertigung. Es gibt nur das blanke Eingeständnis: Ich bin total gescheitert. Ich wollte in diesen Sommer hineingehen wie ein Athlet, der mit breitem Kreuz den Globus stemmt, einem »römischen Gladiator« gleichen, wie es mir per Prospekt für die modernen, metallen blinkenden Marterinstrumente versprochen wurde.

Ich hatte den Entschluß, meine mickrige Figur aufzumischen, meine Muskeln endlich schwellen zu lassen, vor drei Monaten gefaßt, um am 21. Juni, wenn die Sonne ihren Höchststand erreicht, in Superform zu sein.

Natürlich ging ich das Projekt der Körpervollendung durchaus strategisch an: durch den Kauf von achtzehn Fachbüchern, dazu Hanteln, Fahrrad mit Computer-Schnickschnack. Der Keller wurde zum Powerraum.

Parallel begann die grausame Müslizeit. Der tägliche leicht irre Blick auf die Kalorientabelle. Der Wechsel zwischen Muntermacherdrinks und Entschlackungstrunks. Dazu Leinsamenöl, Obstessig, Möhrensaft – brrr. Kräutertee (nur mit Süßstoff) und Mineralwasser natriumarm, was natürlich alles mächtig an die Nieren ging.

Der »Umbau des Körpers«, dieses gigantische Wagnis am eigenen Leib, wurde gefördert durch Tips, die ich früher konsequent überblätterte, nun aber Zeile für Zeile fast andächtig studierte. »Vor lauter Lesen kommst du ja überhaupt nicht mehr aus deinem Sessel«, spottete meine Frau.

Was ahnte sie von meinen heimlichen Liegestützen, meinen Schmerzen im Knie, was wußte sie vor allem von meinen quälenden Gedanken, die sich um eine einzige Frage drehten: Mit wem kämpfe ich eigentlich in dieser grenzenlosen Einsamkeit des Kellergewölbes?

Kämpfe ich mit dem Geist, der mich antreibt, etwas zu tun, was der muskelkaterkranke Körper offenkundig in dieser schikanösen Form nicht will? Kämpfe ich mit dem Herzen, das durch sein schnelles Puckern anzeigt, wie sehr es leidet, was bei einem Pulsschlag von hundertachtzig minus Lebensalter angeblich gesund sein soll? Oder kämpfe ich, durchaus im Unterbewußtsein, wie einige Psychologen behaupten, gar mit dem Tod, dem ich durch den gestählten Körper und ein paar Freiübungen bedeuten will, daß er noch draußen vor der Tür bleiben möge?

Ja, wer weiß, was in der Seele bei solchen Grenzsituationen wirklich geschieht? Leider stellte ich fest, daß mich das Training zunehmend matt und müde machte. Das sei nur eine »Durchgangsphase«, trösteten mich Experten, danach würde ich eine neue Empore des Bewußtseins erklimmen.

Vielleicht hätte ich eines Tages wirklich noch den

Fitneßhimmel erstürmt, wären da nicht dauernd diese intellektuellen Querschläger gewesen: Negativmeldungen in Hülle und Fülle aus der Welt des Sports. Etwa, daß Mountainbikes impotent machen können (britische Studie), daß dreiundsechzig Prozent aller langjährigen Golfer quälende Rückenschmerzen plagen, daß intensives Joggen dem Immunsystem schadet und Herpes blühen läßt, daß sogar beim Kegeln nicht nur alle neune umfallen...

Da wurde ich zum Champion der ganz anderen Art: beim Einsammeln von Gründen dafür, einfach aufzuhören. Ich gebe zu, der Weg zurück zur lässigen Schlaksigkeit war schwierig und deprimierend, auch kräftezehrend. »Die stärkste Kraft reicht nicht an die Energie heran, mit der manch einer seine Schwäche verteidigt«, schrieb einst Karl Kraus. Erstaunlich, daß dieser Wiener Spötter schon alles über unsere menschliche Schwäche wußte, obwohl es den Fitneßwahn damals noch gar nicht gab.

Brief an eine Frau, die ihrem
Mann die Pointe zerstörte

Liebe Freundin, es fällt mir schwer, aber ich muß Ihnen heute noch einmal schreiben; die Freundschaft, die uns seit Jahren verbindet, gebietet es. Der Abend in Ihrem Haus gestern war wunderschön, hätten Sie nicht wieder... Aber bevor ich zu meiner kritischen Beobachtung komme, möchte ich Ihnen eine kleine Geschichte erzählen.

Von der bizarren Alma Werfel erzählt man sich, sie habe neben all ihren Vorzügen auch durchaus tyrannische Eigenschaften besessen, die darin gipfelten, daß sie nur noch ihre eigene Meinung gelten ließ. Eine unerbittliche Beobachterin, die französische Schriftstellerin Claire Goll, schrieb über die Komponistenwitwe in ihren Memoiren: »Wer Alma Mahler zur Frau hat, muß sterben.«

Nun, Franz Werfel lebte noch, als ein Besucher von ihm wissen wollte, wie er die politische Lage beurteilte. Werfel zuckte die Achseln: »Tja, ich weiß nicht...« Dann stand er auf, öffnete die Tür und rief ins Nebenzimmer: »Alma, Liebling, komm bitte herüber, hier will jemand meine Meinung hören.«

Sie werden nun ahnen, liebe Freundin, worauf ich hinauswill. Es geht um die Unsitte, immer recht behalten zu wollen, dem Partner ins Wort zu fallen, ihn zu korrigieren, wann immer er etwas erzählt, sogar dann, wenn es für den Wahrheitsgehalt der Geschichte völlig unerheblich ist.

Gestern ist mir das wieder aufgefallen: Ihr Mann berichtete von dem gestohlenen Wagen in Rom, von den Aufregungen mit Polizei und Behörden. Er sagte, ganz nebenbei, der Diebstahl sei an einem Freitag passiert – an einem schönen, sonnigen Wochenende. Da fielen Sie ihm ins Wort: »Es war doch ein Samstag«, und »Es schien keine Sonne, es war trübes Wetter«.

Ihr Mann konnte seine kleine Geschichte nicht zu Ende bringen, ohne daß Sie ihm noch zweimal in die Parade fuhren. Haben Sie eigentlich gar nicht gespürt, daß Ihre Einreden nicht nur den Fluß seiner Erzählung störten, sogar die Pointe zerstörten? Und daß die anderen Gäste Unbehagen beschlich?

Ich weiß, daß es noch die schlimmere Variante gibt: Wenn Paare die Gelegenheit am Schopf packen, um sich unter dem Schutz der anderen Gäste gegenseitig mit Beschuldigungen anzufetzen. Oft geschieht dies in der Hoffnung, daß die unfreiwilligen Zuhörer sich auf die eigene Seite schlagen. »Du hast es ja gehört, sogar deine besten Freunde haben mir beigestanden«, wird es dann auf dem Heimweg heißen.

Was bei öffentlichen Diskussionen, sei es in der Politik, im Beruf, im Umgang mit Fremden erstrebenswert sein mag, nämlich der eigenen Auffassung zum Sieg zu verhelfen, das kann im privaten Leben und vor allem in der intimen Beziehung ganz anders ausschauen.

Ja, dann kann der Sieg, wenn es unglücklich läuft, in Wahrheit eine Niederlage sein. »Wenn das so ist, dann gehe ich eben«, sagte kürzlich einer meiner Freunde, als er von seiner Frau mit Sticheleien wieder einmal bloßgestellt worden war. Und er ging wirklich. Zum Scheidungsanwalt. Und kam nicht wieder.

Man kann eine Freundschaft, eine Liebe sehr wohl zu Tode diskutieren. Denken Sie mal darüber nach.

»Über Krankheiten wird heute
nicht gesprochen«

Wir alle wissen und haben es immer wieder erlebt, daß es nicht nur schwer ist, mit Krankheiten umzugehen und mit ihnen fertig zu werden, sondern daß sogar schon das Gespräch über Krankheiten die größte Behutsamkeit erfordert, zu der wir überhaupt fähig sind.

Wie ist es beispielsweise bei Ihnen? Sprechen Sie gern über Leiden, es mögen die eigenen oder die Ihrer Gesprächspartner sein? Oder denken Sie, daß Sie ein Tabu berühren, wenn Sie von Krankheiten reden?

Oder halten Sie es wie eine Freundin von mir, die in dem Augenblick, da sie ihre Gäste zu Tisch bittet, nur den einen Wunsch äußert: »Über Krankheiten wird heute abend bitte nicht gesprochen.«

Mit diesem Wunsch, der eher einem Befehl gleicht, will die Hausherrin verhindern, daß der Abend entgleist, daß er seine Leichtigkeit verliert, daß er hineingleitet in eine Stimmung, die sonst nur in den Wartezimmern der Ärzte und in den Fluren der Krankenhäuser und Sanatorien zu Hause ist.

Nun wissen wir aus Erfahrung und Beobachtung alle, daß das Bedürfnis, über die Beschwernisse und Beschwerden des Lebens zu sprechen, riesengroß ist. Ja, daß Krankheiten sogar ein Motor für Konversation sein können.

Kurt Tucholsky hat in einer entzückenden Geschichte davon berichtet.

»Was ist Ihr Geheimnis?« wird ein Milliardär gefragt, dem bei Empfängen Hunderte von Menschen vorgestellt werden, die er zuvor nie gesehen hat und mit denen er sich gleichwohl immer auf das trefflichste unterhält. Die Antwort des Mannes ist ebenso banal wie menschenklug. »Wissen Sie, ich habe mir da eine todsichere Methode ausgedacht«, verrät der amüsante Menschenkenner. »Ich frage jeden Menschen, der mir vorgestellt wird, nur eines: Was macht Ihr Leiden?«

Mit diesem Trick gibt es keine Probleme beim Small talk.

Nun wissen wir von dem in sich selbst verliebten Dichter Oscar Wilde, daß die Kunst eines Gesprächs genau darin besteht, »alles zu berühren und sich in nichts zu vertiefen«, womit – kein Zweifel – allerdings nur dem Oberflächengespräch gehuldigt wird.

Menschliches Leid, Schmerzen, das Elend der hilflosen Kreatur, Krankheiten aller Art sind nicht der Stoff, über den man leicht und locker hinwegpalavern könnte.

Es soll schon vorgekommen sein, daß jemand auf die schnell hingeworfene Frage »Geht es Ihnen gut?« die Antwort bekam: »Ich habe noch einen Monat zu leben.«

Ja, was würden Sie in einem solchen Fall tun? Drehen Sie dann ab? Gibt es angesichts der Unerbittlichkeit des Schicksals eigentlich überhaupt noch so etwas wie eine seelische Hilfe?

Vielleicht bleibt uns, wenn Krankheiten zur Sprache kommen, nur eines: das Zuhören. Ich meine, das richtige, lange, geduldige Zuhören.

Achten Sie dieses Zuhören nicht gering! Wir können allenfalls ahnen, wie viele Patienten darunter leiden, daß selbst Ärzte so oft auf den Minutenzeiger schauen, wenn sie ihre Patienten im wahrsten Sinne des Wortes »verarzten«. Weil leider die Zeit, die sie aufwenden, in keiner Gebührenordnung ehrlich bemessen wird.

So bleibt die Frage, ob man über Krankheiten eher reden oder eher schweigen soll, im Prinzip unentschieden.

Aber daß die Antwort auf diese Frage über mehr entscheidet als über einen unbeschwerten Abend, wie ihn sich meine Freundin wünscht, das scheint leider gewiß.

Der kleine stumme Weihnachtsmann,
der nach Deutschland kam

Der Weihnachtsmann, von dem hier berichtet wird, hatte wahrlich nicht mehr gehofft, jemals mit seinen Geschenken die gute alte Erde besuchen zu dürfen, die da als blauer Planet im Universum schwimmt, ein leuchtendes Wunder in der Finsternis.

In keinem der vorangegangenen Jahre war es ihm gelungen, in die Endauswahl vorzudringen, immer hatten größere und stärkere Weihnachtsmänner sich vorgedrängelt, wenn die Reisen vergeben wurden, die begehrt waren wie nichts sonst.

Der Einsatz auf Erden war für die Weihnachtsmänner das schönste Weihnachtsgeschenk. Dabei stand Bethlehem auf der Liste der Lieblingsziele ganz oben, aber auch Rom, Paris und London, die alten Zentren, und auch das moderne glitzernde Wolkenkratzer-New-York. Alle Weihnachtsmänner, die schon dort gewesen waren, hatten Märchenhaftes berichtet.

Von Deutschland hieß es, dort würde das Fest besonders »innig« gefeiert; unser Weihnachtsmann mußte erst im himmlischen Lexikon nachschlagen, was »innig« in der Weihnachtsmann-Sprache bedeutet.

Als schließlich sein Name aufgerufen wurde, da riß unser Weihnachtsmann sofort beide Arme vor Freude in die Höhe. Anders als mit dieser Geste konnte er nicht zeigen, wie sehr er sich freute. Denn unser Weihnachtsmann ist nicht nur klein, sondern vor allem stumm – seit seiner Geburt konnte er keinen Laut von sich geben.

Die anderen Weihnachtsmänner tuschelten in ihre Bärte, es sei doch seltsam, ausgerechnet einen stummen Kollegen zu den Menschen zu schicken. Auch waren sie neidisch, aber da hatte sich unser Weihnachtsmann schon auf den gleißenden Lichtstrahl gesetzt, der ihn zur Erde brachte.

Die Reise war lang, sie war auch nicht ganz ungefährlich, denn rund um den blauen Planeten kreisten seltsame Ungetüme, die als Satelliten gemeldet worden waren – irgendwann wird man den Verkehr wohl auch im Himmel regeln müssen.

Und dann endlich: die Landung. Mitten in Deutschland. Er hatte sich das gewünscht, soviel Glanz, soviel Frieden seit fünfzig Jahren wie dort, das hat es auf der geschundenen Erde seit Ewigkeiten nicht gegeben.

Daß man sich dort allerdings mit Geschenken schwertun würde, das hatten die Engel in nachbarschaftlicher Freundschaft den Weihnachtsmännern auch schon verraten: Das Materielle habe sich in Deutschland gut entwickelt, nur mit dem Seelischen solle es einige Probleme geben.

Und in der Tat, unser Weihnachtsmann stand am Straßenrand und staunte, als er in die Gesichter der vorbeihastenden Menschen blickte: Alle waren nervös, gehetzt, kurzatmig, auf der Jagd nach Geschenken, sogar für jene, die »schon alles haben«.

War das der weihnachtliche Zauber, von dem Goethe, Geibel, Storm, Möricke, Eichendorff und viele andere Dichter oben im Himmel so begeistert erzählt hatten?

Unverdrossen und pflichtbewußt machte sich unser Weihnachtsmann gleichwohl auf den Weg, seine Gaben in die Häuser zu tragen, aber es war wie verhext: Wohin er auch kam, immer war jemand gerade im Aufbruch.

Da er niemanden nach den Gründen befragen konnte, war er auf die Nachrichten in den Zeitungen angewiesen. Und so las er:

»Millionen Deutsche auf der Flucht – vor Weihnachten! Alle Sonnenflüge ausgebucht. Im Bikini unterm Weihnachtsbaum.«

Je näher die »Stille Nacht« rückte, desto größer wurde der Exodus. Unser Weihnachtsmann hatte sich alles so ganz anders vorgestellt – romantischer, geheimnisvoller, fröhlicher, besinnlicher.

Erst als er im Gewühl eines Kaufhauses ein kleines weinendes Mädchen sah, das seine Mutter aus den Augen verloren hatte, als es ihm gelang, das Kind zu trösten und die Mutter wiederzufinden, hatte er das Gefühl eines wirklich glücklichen Augenblicks, den es – allen Geschenken zum Trotz – nur in der menschlichen Begegnung gibt.

Später, hoch oben im Himmel, erfuhr er endlich vom obersten aller Weihnachtsmänner, warum ausgerechnet er, der kleine stumme Weihnachtsmann, zum Einsatz gekommen war:

»Die Deutschen tun sich schwer, zuzuhören, wenn es um seelische Belange geht. Sie sind mit so vielen Dingen beschäftigt, daß sie leider manchmal das Kostbarste übersehen, das gleichwohl nichts kostet: die Liebe, die bekanntlich eine Himmelsmacht ist.«

DER ZAUBER DES GLÜCKS

Liebe bekommt nur,
wer Liebe gibt

Es ist seltsam, es ist eigentlich gar nicht zu begreifen: Nie war es so leicht, mit anderen Menschen zusammenzukommen. Wir haben Flugzeuge, Autos, Telefon mit Durchwahl, wir haben kurze Wege zueinander, in Hochhäusern, in Wohnsiedlungen, keine spröde gesellschaftliche Etikette behindert uns, wir gehen heute locker miteinander um, wir reisen, sogar weltweit, haben Beruf, Sport, Ferienclubs – kurz: Wir lernen im Leben so viele Menschen kennen wie keine Generation zuvor, wir, die Kinder der sogenannten Kommunikationsgesellschaft – und doch breitet sich eine Krankheit immer weiter aus, die die Herzen verwundet und Schmerzen bereitet.

Diese Krankheit heißt: Einsamkeit.

»Laß mal von Dir hören, ich fühle mich so unendlich einsam«, stand am Ende des Briefes einer alten Dame, den ich jetzt erhielt. Es klang wie ein Notruf. Einsamkeit ist scheu, kommt selten aus der Deckung, macht die Menschen kraftlos, Liebe und Leidenschaft sind weit.

*

Es gibt eine schicksalhafte Einsamkeit, die ist oft mit dem Alter verbunden. »Gehe ich in den Garten, zu den Rosen – was haben sie mir noch zu sagen, was sie nicht schon gesagt hätten«, klagte Andersen, der Märchendichter, im siebzigsten Lebensjahr.

Es gibt aber auch eine selbstgewählte Einsamkeit. Ihre Anhänger nennen sich Singles, und sie vermehren sich auf wundersame Weise, schon ist jeder dritte Haushalt hierzulande ein Singlehaushalt!

Und was es immer an Warnungen gibt, scheint niemanden zu erschrecken: Singles sterben früher, liegen länger im Krankenhaus, Männer sind noch mehr gefährdet als Frauen, Singles verunglücken öfter im Auto, haben eine fünfmal höhere Selbstmordrate als Ehepaare. Denn da gibt es, wie eine Fata Morgana in der Wüste der Einsamkeit, ja auch die großen Verlockungen: das »Ich-bin-ich-Gefühl«, die Freiheit, niemandem verpflichtet zu sein, eine geschickte Strategie der Vermeidung von Lasten und Schmerzen, die mit einem allzu großen Engagement für einen anderen Menschen ja unweigerlich verbunden sind – »Beziehungskiste« statt Romeo und Julia.

Aber, so fragt man sich unwillkürlich, müssen wir nicht alle irgend etwas falsch gemacht haben, wenn immer mehr Menschen buchstäblich »menschenmüde« geworden sind?

Was ist davon zu halten, wenn eine Frau in einer Großstadt mehrfach inseriert, um eine ältere einsame Dame zu finden, die stundenweise mit ihren kleinen Kindern spielt und in ihre Familie aufgenommen werden soll – und niemand – niemand! – meldet sich?

Sicher – Einsamkeit ist die Hölle, ist Leben ohne Echo. Aber ein Echo gibt es nur, wenn man zuvor ruft! Die Liebe zu sich selbst, sehr heutig, sehr modern, kann man ja noch irgendwie retten – fragt sich nur, wie lange. Aber die Liebe anderer Menschen ist eben nur zu bekommen, wenn man Liebe gibt!

*

»Ich will alles«, sang Gitte, nicht nur ein Schlager, auch eine Chiffre für den Zeitgeist. Ein Lied mit dem Titel »Ich gebe alles« könnte heute vermutlich nicht die Top Ten erreichen.

Da sind eben ein paar Grundwahrheiten, an denen wir – Meister der Kurzgefühle, der Instantliebe – uns so leicht doch nicht vorbeimogeln können. Eine dieser Wahrheiten ist auf wunderbare, gültige Weise beschrieben worden, es ist jener Spruch, der sich auf dem Heiligen Berg Athos findet: »Nur wenn wir lieben, selbstlos lieben, sind wir einen Schaufelwurf vom Paradies entfernt.«

Die Urlauber mit dem
»eingebauten Lautsprecher«

Jetzt ist es wieder soweit. Der Riese, der Tourismus heißt, erhebt sich. Er reckt sein wintermüdes Haupt in den Himmel. Er wünscht sich Farbe ins blasse Gesicht. Vier österliche, freie, zusammenhängende Tage, die darf man ungestraft nicht ungenützt verstreichen lassen.

Und wir? Wir reisen mit. Wir packen die Rollerkoffer. Wir düsen gen Süden. Wir quälen uns von Stau zu Stau. Wir wissen, daß es diese Hürden gibt, und fahren trotzdem. Deutsch sein heißt, eine Sache um ihrer selbst willen tun.

*

Die Sache, um die sich alles dreht, heißt Urlaub. Genauer: URLAUB. Das kann man gar nicht groß genug schreiben. Das ist das Wort, das wir in Geschäften immer hören, wenn wir gerade nicht bedient werden. Das Schlüsselwort des Reiseweltmeisters.

Die Gedanken, die noch frei sind – so vieles andere ist ja inzwischen total bürokratisiert, zu Tode verwaltet, mit Radarfallen bestückt –, diese Gedanken reagieren sofort wie elektrisiert, sobald das Zauberwort Urlaub auch nur geflüstert wird.

Die Strapazen, die wir für die erhoffte Ferienfreiheit auf uns nehmen, sind manchmal so groß, daß kein Arbeitgeber, kein Politiker, kein Niemand sie je einem Deutschen abverlangen könnte, er würde im Getöse des Schlachtrufs »Wir sind die Urlauber!« jämmerlich untergehen.

Psychologen haben herausgefunden, daß beispielsweise das zielsichere Hineinfahren in einen Stau, das quälende Warten, das Gemaule der Kinder, das Picknick am Rand blockierter Straßen – daß all dies die Menschen zutiefst befriedigt, weil sie endlich den Alltagstrott durchbrochen haben.

Nach endlosen Stunden am Ziel der von der Werbung hochgepeitschten Wünsche angelangt, steht man sich an der Rezeption die Beine in den Bauch, weil ja viele andere dasselbe Hotel gebucht haben.

Da geht es dir wie Tucholsky: »In einem fremden Hotelzimmer öffnet man das Fenster und macht es wieder zu und geht hin und her. Dann lege ich den Kopf an die Scheibe und mache ein dummes Gesicht. Die Nägel könnte ich mir auch mal schneiden. Was tue ich eigentlich hier?« Ja, das ist die Tucholsky-Frage, die sich stellt, besonders wenn man übermüdet abends eintrifft und vielleicht im Speisesaal einen Platz angewiesen bekommt, der genau an der Tür liegt, durch die die Kellner in die Küche rennen – wenn sie denn rennen.

Reist man gar ins Ausland, kommt für den einen oder anderen noch die Sprachbarriere hinzu. Die Trinkgeldsprache macht auf die Dauer auch keinen Spaß.

Aber Ausland muß sein. Millionen drängt es nur zu einem: Raus! Nichts wie weg: Die Gründe dieser Auslandssüchtigkeit sind geheimnisvoll. Daß die Deutschen für einige Zeit einmal von ihren Landsleuten verschont sein wollen, das kann es nicht sein. Denn wohin du auch kommst, und sei es das letzte Hotel im Wüstensand der Sahara, Deutsche sind immer schon da.

Und sie sind leider meist etwas laut, daran hat sich seit Stefan Zweig nichts geändert, der vor siebzig Jahren aus Zermatt seiner Frau Friderike schrieb, in seinem Hotel wären keine Deutschen – was soviel heißen sollte wie: wundervoll! Er nannte auch den Grund: »Weil jeder von ihnen einen Lautsprecher in seiner Kehle eingebaut hat.«

*

Das ist nämlich das tückische an der ganzen Chose, daß wir oft bei den Strapazen des Reisens vor Wut aus der Haut fahren möchten – und doch in Wahrheit nicht aus unserer Haut herauskönnen. Weil wir immer uns selbst als das schwerste Gepäck im Ferienkoffer mitschleppen.

Weshalb junge Leute zu »Virtuosen des Abschieds« werden

Wie schön, daß wir im Leben immer wieder dazulernen müssen – wie schön, wie interessant, wie schwierig aber manchmal auch.

Nehmen wir zum Beispiel den Abschied, diese Grunderfahrung – sei es nun der Abschied von Menschen, Sachen, Lebenserfahrungen. Abschied ist meistens verbunden mit Melancholie, oft sogar mit Schmerz. Wir kennen das alle: die Tränen am Bahnhof, der letzte Kuß vor einer Trennung, das fatale Gefühl, wenn wir einer Gewohnheit abschwören müssen, die Schwierigkeit gar, eine festgezurrte Meinung zu ändern.

»Abschied nehmen ist sogar immer ein Stückchen Tod«, heißt ein Wort in Frankreich. Für Herder ist »jeder Abschied betäubend«, Hebbel schrieb: »Du siehst die leuchtende Sternschnuppe nur dann, wenn sie vergeht«, und selbst Wilhelm Busch erkannte den Seelenschmerz: »Meistens hat, wenn zwei sich scheiden, einer etwas mehr zu leiden.« Kein Wunder, daß viele Menschen Angst vorm Abschiednehmen haben.

Aber wo Gefahren sind, ist bekanntlich das Rettende nah – und es kommt von der Jugend. Deutschlands charmanteste Denkmaschine, die Professorin, Unternehmensberaterin und Publizistin

Gertrud Höhler, hat nämlich bei ihren Studien herausgefunden, was die jungen Leute heute – anders als die meisten unter den Älteren – vor allem auszeichnet: Sie sind (so lautet der Titel eines ihrer Bücher) zu »Virtuosen des Abschieds« geworden.

Ihre These: In einer Welt, in der sich alles mit nie geahnter Geschwindigkeit um uns herum verändert, kommen junge Menschen mit den überlieferten sittlichen Werten – wozu auch Fleiß und Pflichterfüllung gehören – nicht mehr zurecht, empfinden sie als »schwankendes Floß« im reißenden Strom des Lebens.

Um aber für die Zukunft gerüstet zu sein, braucht man heute »flexible Strategien« und Lebenstechniken: Die Zauberworte heißen »Ich-Stärke«, Selbstbehauptung, Entfaltung, Mut zum Wandel – und das bedeutet immer auch: Ballast abwerfen!

»Dann passiert es zwar, daß zum Beispiel Ältere zu einem jungen Menschen sagen: ›Du bist rücksichtslos, nimmst keine Rücksicht auf deine Mutter.‹ Aber wenn Sie dann später den jungen Menschen mit Gleichaltrigen beobachten, sehen Sie durchaus ein Zartgefühl, das Sie beschämt.«

Die Älteren, das ist ihre Botschaft, müssen jetzt also genauer hinschauen, wenn sie es mit den jungen, dynamischen »Virtuosen des Abschieds« zu tun haben. Denn die Warnung der Professorin ist eindeutig: »Wer sein Wertgepäck für ein ganzes Leben geschnürt hat, bleibt bald allein.« Der oft mühsame, schwierige, schmerzhafte Abschied, von ihm sollen wir uns, um

leichter zu leben, darum möglichst schnell verabschieden.

*

Vielleicht ist der »Wertewandel« in unserer Gesell-
schaft anders wirklich nicht zu verkraften, vielleicht
geht es nur mit kühler Unverbindlichkeit, mit Ge-
fühlen »von Fall zu Fall«. Aber daß das alles ohne
einen Preis zu haben ist, das möge nun doch glauben, wer will.

Einen wirklich schönen Brief
bekommen nur wenige

Elias Canetti, der feinfühlige bulgarische Schriftsteller, einer spanisch-jüdischen Familie entstammend, hat einmal den trostlosen Satz geschrieben: »Niemand ist einsamer als ein Mensch, der niemals einen Brief bekommen hat.« Natürlich meinte Canetti nicht die Art von Briefen, die heute kreuz und quer geschickt werden, die Oberflächenbriefe mit Informationen über Beruf, Wetter, Reisepläne und anderen Alltäglichkeiten, mit Infos also.

Nein, er meinte etwas anderes: daß sich ein Mensch hinsetzt und einen Brief schreibt, der ausschließlich auf den Empfänger ausgerichtet ist, der Herz und Seele des Menschen bewegt, dem diese Zeilen zugedacht sind. Es muß, im Sinne Canettis, viel Einsamkeit unter uns sein, denn wohin man auch schaut, mit wem man auch spricht: Einen wirklich schönen Brief in dieser selten gewordenen Art der Anrührung bekommen nur wenige.

Und nicht einmal diejenigen, die solche Briefe – vielleicht sogar handgeschrieben – aussenden, können heute noch mit einer Antwort rechnen. Denn zu den kleinen Indizien des allgemein zu beobachtenden Verfalls der Sitten gehört, daß viele Menschen sich anscheinend zu der Devise entschlossen haben: Wer mir schreibt, hat selber schuld.

Ja, es gibt eine seltsame Scheu, sobald es um Briefe geht, in denen sich Menschen offenbaren, in denen sie ihre Gefühle »zu Papier bringen«, obwohl doch der jahrtausendealte Satz von Cicero »Epistola non erubescit« – ein Brief errötet nicht – immer noch gültig ist.

Wann immer ich in Biographien Texte lese, die Menschen in früheren Zeiten miteinander austauschten, die Briefwechsel, die manchmal Jahrzehnte umspannen und viele Bände füllen, wird mir die Armseligkeit unserer Zeit bewußt: Das flüchtige Medium der Telekommunikation hat eben seinen Preis.

Johann Wolfgang von Goethe konnte noch behaupten, daß Briefe zu den wichtigsten Denkmälern gehören, die der Mensch hinterlassen kann. Und sollte man sie – beispielsweise nach dem Tod – aus Gründen der Diskretion vernichten, »so verschwindet der schönste, unmittelbarste Lebenshauch unwiederbringlich für uns und andere«.

Eine Freundin erzählte mir dieser Tage, es sei für sie eine unvergeßlich schmerzhafte Stunde der Scham und auch der Traurigkeit gewesen, als ihr zufällig eine Sammlung von Briefen in die Hände fiel, die ihre verstorbene Schwiegermutter vor vielen Jahren an ihren studierenden Sohn geschickt hatte. »Da erst empfand ich Liebe und Verständnis für sie, da bedauerte ich, daß ich die alte Dame so oft verkannt und mißverstanden hatte. Aber leider kam diese Erkenntnis zu spät.«

Die postalischen Erlebnisse, die uns heute vergönnt sind, erwärmen nicht die Sinne, sind meist nichts anderes als Attacken auf unseren Gelbeutel. Sie kommen oftmals sogar mit der plump-dreisten Anrede »Hallo, Peter Bachér« zu mir, überfallen mich mit ihrer vorgetäuschten Individualität, die heute dank Schreibcomputer mühelos hergestellt werden kann. In Wahrheit sind es Massensendungen, und die Absender tun so vertraulich, als seien wir uralte Freunde, die einst in der Sandkiste zusammen gespielt haben und die nun miteinander Geschäfte machen sollten.

In Abwandlung von Canetti kann man da nur sagen: »Niemand ist glücklicher als ein Mensch, der von solcher Post verschont bleibt.«

Zwischen Abitur und
neuem Ernst des Lebens

Als ich ihn traf, wirkte er so strahlend wie lange nicht. So glücklich. So zufrieden. So ganz anders als all die Male zuvor.

Ich fragte ihn spontan, ob er eine Gehaltserhöhung bekommen hätte, das ist ja meist der erste Gedanke, der einem einfällt, wenn jemand so putzmunter daherkommt, und irgendeine Vermutung muß man ja äußern.

Nein, sagte er, es sei viel einfacher, und mit materiellen Dingen hätte es überhaupt nichts zu tun.

»Bei uns zu Hause stimmt alles, es stimmt einfach alles.« Das war nun allerdings ein Satz, den man heute so selten hört, daß man Genaueres erfahren möchte.

*

Nun wußte ich, daß er zu jenen Menschen gehört, die abends gerne das Büro verlassen, weil eine Familie auf sie wartet, das kann ja nicht jeder von sich behaupten.

Aber Familie, das ist ja nicht in jedem Fall ein Garantieschein für Glückseligkeit. Das wissen wir alle. Da gibt es Probleme, versteckt, nach außen nicht sichtbar, und wer wollte immer wieder aufbrechende Spannungen leugnen?

»Aber in diesem Sommer ist es phantastisch. Und das liegt bestimmt nicht nur am Wetter.«

Und dann verriet er mir: »Meine Tochter ist neunzehn geworden, sie hat das Abitur bestanden, erst im Herbst beginnt für sie ein neuer Ernst des Lebens. Aber jetzt, in diesen Sommerwochen, da ist um sie herum eine Heiterkeit, eine Gelöstheit, es ist phantastisch.«

So eine Familie ist wie ein kleiner Kosmos. »Du kannst dich auf den Kopf stellen und mit den Beinen wackeln, wenn es einem von uns nicht gutgeht, geht es allen nicht gut, eine Banalität, gewiß, aber eben auch eine fast grausame Wahrheit.«

Zugegeben, die Tochter sei zickig gewesen, aufmüpfig, mürrisch, unzufrieden, alles war da, was den Alltag verdunkelte, und es gab keine Rezepte.

Das Abitur sei eine Hürde gewesen, die Tag für Tag, je näher der Termin heranrückte, höher gehängt worden sei – bis sie dann endlich das »Abi« geschafft und bestanden hätte.

Und plötzlich kam die Verwandlung. Die Tochter entdeckte ihre Eltern neu, sah sie neu, behandelte sie anders: milder, nachsichtiger, fröhlicher.

Und den Vater, der nun zugab, daß er selbst oft der Verzweiflung nahe gewesen war, beschäftigt nun die eine Frage: Ist Streß, in welcher Form auch immer, wirklich so gut, wie manche Leute behaupten, die sogar so feinsinnige Unterschiede zwischen dem bösen Distreß und dem angeblich guten Eustreß herausgefunden haben wollen?

Aber ehe er sich noch selbst die Antwort geben konnte, meinte er nur lakonisch: »Vielleicht war auch ich in den letzten Monaten ungerecht. Vielleicht hatte es meine Tochter mit mir ja wirklich nicht einfach gehabt. Und schließlich hatte sie es ja mit sich selbst auch nicht gerade einfach.«

Und er nannte auch die Begründung: »Oder möchten Sie etwa heute noch einmal Abitur machen?«

Da schüttelte ich mich und stieß nur ein »Gottbewahre!« hervor. Was fällt einem zu dieser Frage auch anderes ein?

Der Zauber des Glücks

Manuela Dez.
2005

Laß mich, lieber Freund, an diesem Hochzeitstag nicht von der Ehe sprechen, die ihr nun besiegelt habt, sondern von der Liebe, die euch zusammenführte.

Diese Liebe ist ein Geschenk, wir vergessen es im Trommelfeuer des Alltags mit seinen Sorgen und Nöten nur allzuoft.

Und diese Liebe ist kostbar, weil sie für uns, die »Kinder der Erwerbsgesellschaft« – das einzige ist, was wir mit Sicherheit nicht erwerben können wie all die anderen schönen Dinge, wie Haus, Geld, Beruf, Erfolg, Reisen.

*

Wir wissen ja, wie dieses Geschenk zu uns kommt. Wir wachen eines Tages auf und ahnen nicht, daß in seinem Verlauf plötzlich ein Mensch in unser Leben tritt, mit dem – und durch den – sich von nun an alles verwandeln wird.

Da gibt es Milliarden Menschen auf diesem Planeten – die »Auswahl« ist also theoretisch unendlich. Da haben Zehntausende unseren Weg gekreuzt, ein paar Hunderte kamen uns näher im Gespräch, eine Handvoll Freunde blieb, wenn wir Glück gehabt haben – und dann erscheint da auf unserer kleinen Lebensbühne dieser eine Mensch, und das Stück, das von nun an gespielt wird, ist ein ganz anderes!

Das eigene Leben ist ohne diesen geliebten Menschen von nun an nicht mehr vorstellbar: Wenn man das nicht als Wunder empfindet, wird man lange auf Wunder warten müssen!

Und das entscheidende ist: Es ist genau dieser eine Mann, diese eine Frau unter den Milliarden Menschen gemeint, nicht eine(r), der so ähnlich ist oder aussieht. Die Einzigartigkeit ist das Geheimnis, der Zauber des Glücks.

Das alles hat natürlich gar nichts mit den sogenannten »Beziehungskisten« zu tun, die heutzutage oft so schnell auf dem Sperrmüll der Gefühle landen.

Natürlich ist es schön, mein lieber Freund, den richtigen Partner zu *haben*, aber noch wichtiger ist es, für den anderen der richtige Partner zu *sein*. »Das ist das Größte, was dem Menschen gegeben ist, daß es in seiner Macht seht, grenzenlos zu lieben«, schrieb Theodor Storm.

*

Die Liebe, die euch von nun an durch die Ehe tragen soll, ist nur durch eines zu bewahren: durch Liebe! Ihre schönsten Gewänder heißen Vertrauen, Ehrlichkeit, Duldsamkeit. Aber dann kann Liebe so etwas wie ein Perpetuum mobile sein. Denn sie ist, nach einem alten Wort, das einzige im Leben, das nicht weniger wird, wenn wir es verschwenden. Geht mit ihr also großzügig um!

»Was gleichsam auf der Straße liegt« und der Traum von Andalusien

Er kam aus Andalusien, aus der Sonne des Südens, aus Gefilden, in denen es noch Einsamkeit gibt, Strände ohne Menschen, Wälder ohne Sterben, er könne dort noch dem Atem des Windes lauschen, von keinem anderen Geräusch gestört.

Und nun war er nach Jahren einmal wieder hier. Er hatte sich in seiner alten Heimat umgesehen, und als ich den Freund vergangener Jahre traf, war sein erster Satz: »Wie hältst du das hier eigentlich aus?«

Ich war ganz erschrocken, fragte erstaunt zurück, wie ich das zu verstehen hätte. Schließlich würde ich doch in einem Land leben, das wie kein anderes die Menschen aus aller Welt magisch anzieht. Und wenn es auch Probleme gebe, »so haben wir doch eigentlich alles gut im Griff«.

Was nun kam, überraschte mich, denn mein Freund meinte nicht die Asylanten, die oft hilflose Politik, die Wohnungsnot, das Ozonloch, das sich nun auch über unserem blassen Himmel gefährlich öffnen soll. Er meinte auch nicht all das, was die *Tagesschau* zur Horrorschau verkommen läßt – er meinte vielmehr: »was gleichsam auf der Straße liegt«. Genauer: Er meinte unsere Straßen selbst und das, was auf ihnen geschieht.

Diese Fülle überall. Dies Gedränge und Geschiebe.

Die Autos, die wie Lemminge in jeden Stau hineinfahren bis hin zur »Übernachtung« im Wagen auf
verstopften Autobahnen. Vor allem taten ihm die
Fußgänger leid, die wie aufgescheuchte Rehe zur Seite springen, weil sie sonst von Radfahrern umgenie-
tet werden – in ihrem Reservat, auf dem Bürgersteig.

Es sei doch erschreckend, daß der Staat jetzt wegen
der vielen Unfälle überlegen würde, die Radfahrer
zum Tragen von Schutzhelmen zu verpflichten. Er
würde sich deshalb gar nicht wundern, in ein paar
Jahren – »wenn ich überhaupt einmal wieder vorbei-
komme« – auch Spaziergänger mit Kopfschutz zu sehen, »denn die haben ja bekanntlich auch keine
Knautschzone«.

Um sich aber nicht in »kleinkarierter Kritik« zu
verlieren, die ihm ja nicht zukomme, beendete er
sein Lamentieren: »Mir ist es bei euch zu voll, zu
eng, zu hektisch, zu rücksichtslos, zu nervenzerfet-
zend, nicht auszuhalten, ein Dschungel.«

Er sei für das »moderne Leben« wohl nicht mehr
geeignet, antwortete ich, etwas hilflos, wie ich selbst
spürte. Was soll man schließlich sagen, wenn da jemand verwundert auf unsere ameisenhafte Geschäf-
tigkeit blickt.

*

Doch wenn ich ehrlich bin – und wenn es das denn
gibt: Meine Seele hatte schon einen leichten Seufzer
gemacht. Und eine Sehnsucht war plötzlich da, es

ihm gleichzutun, die Koffer zu packen und einen Möbelwagen zu bestellen.

Aber dann blieb es doch ein Traum von Sekunden. Denn schon erinnerte mich meine Sekretärin an den nächsten Termin, mein Freund verabschiedete sich hastig – »ich wollte ja nicht gestört haben« –, obwohl er mich verstört zurückließ.

Bis Minuten später der Chef die Konferenz kühl eröffnete: »Meine Herren, wir haben das folgende schwerwiegende Problem zu lösen...«

*

Und schon war Andalusien wie weggezaubert. Der deutsche Alltag hatte mich wieder – und irgendwie war das plötzlich auch sehr tröstlich.

Eine Kerze lang Frieden –
wenigstens

Vor ein paar Tagen rief mich mein Steuerberater an und wollte wissen ... Aber nun denken Sie bitte nicht, ich würde hier, wenige Tage vor Heiligabend, über Fristen des Finanzamtes schreiben.

Nein, mein Steuerberater fragte mich, ob ich ihm aus unserem Zeitungsarchiv eine Tabelle faxen könnte, in der die letzten Kriege aufgelistet sind.

»Ich möchte bei einer Weihnachtsfeier eine kleine Ansprache halten, da würde diese Information in mein Konzept passen«, begründete er seine Eile. Steuerberater lieben Klartext auch dann, wenn es um Gefühle geht.

Er bekam die Liste. Und am nächsten Tag bedankte er sich und sagte noch, das Material sei für ihn leider eine ganz schreckliche Lektüre gewesen.

»Dazu müssen Sie wissen, daß ich 1943 geboren wurde, daß ich das Inferno des Weltkriegs nur als Baby erlebt habe, also gar nicht.«

»Ein gütiges Schicksal«, antwortete ich.

»Ja, aber die Wahrheit hat mich jetzt eingeholt. Ich bin verzweifelt. Ich glaubte, daß die Menschheit aus dem Schrecken gelernt hat. Und nun las ich, daß es seit 1945 bis in unsere Tage nur zwei Wochen ohne Krieg gab, sonst war immer irgendwo Tod und Verderben. Zwar heißt es in Goethes *Faust*: ›Schon wieder Krieg! Der Kluge hört's nicht gern.‹ Aber das ist eben das Grausame: Die Menschen sind überhaupt nicht klüger geworden.«

Ich erinnerte an Heraklits Wort, daß der Streit der Vater aller Dinge sei. Daß aber nach den Worten dieses Philosophen auch »jedes Ding seines Gegenteils bedarf«. Darum die Friedenssehnsucht, die sich gerade in diesen festlichen Tagen wieder so wortmächtig entfaltet.

»Ich habe das Gefühl, daß wir hier in Deutschland auf einem strahlenden Stern leben«, sagte nun mein Steuerberater. »Denn in den Statistiken steht auch, daß es seit Kriegsende weltweit über hundertsechzig bewaffnete Konflikte mit fünfunddreißig Millionen Kriegstoten gegeben hat.«

Und die vierzehn Tage, in denen alle Waffen schwiegen, liegen weit zurück – »das war im September 1945, da saß der Schock noch ganz tief«.

Und in diese blutgetränkte Welt komme nun – wie alle Jahre wieder – die Weihnachtsbotschaft …

*

Eine kurze Pause nur, dann sagte der Mann am Telefon voller Bitterkeit: »Frieden auf Erden? Daß ich nicht lache. Das glaubt keiner. Ich kann doch höchstens etwas gegen die alltäglichen Grausamkeiten sagen. Gegen die Schikanen im Büro. Gegen unsere Gefühllosigkeit im Umgang miteinander.«

»Tun Sie das, tun Sie wenigstens das«, antwortete ich. Leider hatte ich auch keinen anderen Rat.

Wenn uns Weihnachten auch der große Sprung zu mehr Menschlichkeit wieder einmal nicht gelingen wird, so sollte man doch die kleinen Schritte gehen, fügte ich noch hinzu, ebenso hilflos wie er. »Damit wir wenigstens für die Dauer einer Kerzenlänge spüren, wie schön, wie friedlich, wie liebevoll unser Leben sein könnte, wenn wir nur klüger mit ihm umgehen würden.«

Und wir waren uns beide am Schluß des Gesprächs einig: Schwerer als die Steuer ist es eben doch, diese seltsamste aller Welten zu erklären.

Die alte Dame fand den
Archimedischen Punkt

Er wollte nicht Vater werden. Es ist »passiert«. Er sagt es ganz kühl. Er hat sich das Baby nicht gewünscht, das die Frau nun aus der Klinik mit nach Hause bringt. Dies ist keine Welt, in die man Kinder hineinsetzen dürfe, das hatte er schon vor Monaten zu mir gesagt. Aber da war es bereits »zu spät«. Und er gab zu, den größten Fehler begangen zu haben, als er auf die Frage seiner Frau, ob er sich nicht wenigstens ein bißchen freuen würde, mit einem harschen Nein geantwortet hatte.

Dieses Nein war nicht zurückzuholen. Nie tat ein Nein seiner Frau so weh.

*

Am Abend dieses Tages sollten die Großeltern und ein paar Freunde kommen, um das kleine Wunder zu bestaunen. Der Mann, der widerwillig Vater geworden war, bat mich, doch eine kurze Ansprache zu halten.

Mein erster Gedanke erschreckte mich selbst. Ich rechnete mir aus, daß wir das so ferne Jahr 2045 schreiben werden, wenn dieses Baby das Alter seines Vaters erreicht haben wird; wie wird es auf diesem blauen Planeten dann ausschauen? Ich weiß nicht, warum mich dann eine grausame Vision überfiel, das Szenario einer kaputten Welt, mit Übervölkerung, Aggressionen, tödlichen Konflikten, darüber ein ausgefranster Himmel, die Ozonschicht nur noch dünn wie Seide, ein Horrorgemälde.

Natürlich habe ich in meiner kurzen Tischrede davon nichts gesagt. Vielmehr sprach ich von dem Glück, das ich dem Kind wünsche, von der Geduld, die ich den Eltern anempfahl, denn Kinder können nach einem schönen Wort später zwar ihre Eltern verlassen, aber Eltern niemals ihre Kinder, man behält sie ein Leben lang. Und ich sprach von dem Geschenk, überhaupt eine von Gott bestimmte Zeitspanne lang auf dieser Erde, diesem leuchtenden Stern, zu Gast sein zu dürfen. Natürlich wußte ich, daß dies eine Melodie war, die dem Vater nicht behagte, der stets voller Pessimismus in die Zukunft blickte, ganz im Gegensatz zu seiner lebensfrohen Frau. Deshalb sagte ich nur beiläufig, man wüßte natürlich nicht, wie die Welt in den ersten Jahrzehnten des neuen Jahrtausends ausschauen würde...

Nachdem ich mein Glas auf das Wohl des Kindes erhoben hatte, stand die Mutter des Ehemannes auf und sorgte für die Überraschung des Abends. Ich spürte, daß es ihr schwerfiel, die Worte zu finden, die auszusprechen Mut erforderte, denn sie wandte sich direkt an ihren Sohn: Sie hätte sich mit seinem Spruch »In diese Welt setzt man keine Kinder« nie abfinden können.

»Als du geboren wurdest, brannte Deutschland, lagen die Städte in Trümmer, kamen Phosphorbomben vom Himmel, herrschte das totale Chaos«, sagte sie und schaute dabei ihren Sohn an. »Und du wirst doch zugeben, daß es bisher eine wunderbare Zeit gewesen ist, die du seit 1945 erleben durftest – trotz mancher Schwierigkeiten.« Deshalb könne sie die zukunftsmüden Angstargumente nicht mehr ertragen. Man dürfe bei den schönsten Momenten des Lebens – Vater oder Mutter zu werden – keine Vollkaskoversicherung auf lebenslanges Glück erwarten. »Das gibt es nicht, und Gott weiß auch, warum es das nicht gibt.«

*

Jeder Mensch sagt vielleicht nur einmal im Leben eine den Tag überdauernde Wahrheit – wir alle spürten, dies war so ein Augenblick. Die alte Dame hatte den Archimedischen Punkt beschrieben, von dem aus diese Welt vielleicht zu verstehen ist, wenn überhaupt...

Eine Schultüte gibt es
nur einmal

Soviel Lebensfreude habe ich selten gesehen: Da stürmten die Kinder aus dem tristen Schulhaus hinaus ins Freie, wo schon die Eltern warteten. Die Kleinen jubelten und lachten, sie flogen in die Arme der Mütter, sie erzählten aufgeregt von dem ersten Schultag – und sie umklammerten die Schultüten, als sei in ihnen das Glück der ganzen Welt verborgen.

Sie waren plötzlich der Mittelpunkt. Eine kleine Prinzessin rückte sich kokett in Positur, damit der Vater, der natürlich ausnahmsweise auch erschienen war, das entscheidende Foto schießen konnte: Solche seltenen Höhepunkte im Leben müssen schließlich festgehalten werden, damit man später »weißt du noch?« sagen und zeigen kann, wie klein und wie glücklich man war, damals, in jenem Sommer, als der vielbeschworene Ernst des Lebens begann.

Meine Frau und ich blieben unvermittelt stehen, auch alle anderen Passanten hielten inne, angerührt von dem Trubel vor dem Schulhof. Einige schauten auf den roten Backsteinkasten, in dem sie selbst vielleicht vor Jahrzehnten das »Feuerzangenbowle-Gefühl« hatten. Aber dann sagte meine Frau plötzlich leise, mehr zu sich selbst als zu mir: »Hoffentlich haben diese Kinder es später im Leben einmal so gut wie wir.«

Ein Gedanke, ein einziger Gedanke nur, ein nahe-
liegender Gedanke noch dazu, denn am Kiosk ne-
benan war gerade in großen schwarzen Lettern das
Wort »Krieg« zu lesen, die düstere Schlagzeile dieses
herrlichen, friedlichen Sommertages.

Und die fröhliche Stimmung dieser Straßenszene,
sie war wie weggefegt. Es sei ja nicht nur dieser eine
Krisenherd, der sie so nachdenklich stimme, es gebe
ja all diese Chiffren, hinter denen sich die Brüchig-
keit unseres Lebens versteckt – und die sich immer
schriller in unser Bewußtsein drängen: Atomangst,
Überbevölkerung, Umweltverseuchung, Fremden-
haß, Börsensturz, Drogen, Aids, Kriminalität, Terror.
»Eigentlich ging es uns ja viel zu lange viel zu gut«,
sagte nun meine Frau. Selbst so banale Sätze wie dieser können in manchen Situationen wie Philosophie
klingen.

Ich widersprach auch gar nicht, schaute vielmehr
in die Augen der Kinder, und dann dachte ich plötzlich beim Anblick eines Mädchens, daß dieses Kind
ja erst in der Mitte des nächsten Jahrhunderts so alt
sein würde, wie ich es heute bin.

In der Mitte des nächsten Jahrhunderts – noch dazu im nächsten Jahrtausend – mein Gott, wie lange
ist das hin. Wie wird sich die Welt bis dahin verändert haben?

Das war er, der tröstende Gedanke gegen den Anflug der Melancholie. »Keiner weiß doch, wie es
dann auf unserem Planeten aussehen wird, du nicht,
ich nicht, keiner. Vielleicht ist die Welt dann eine

einzige Herrlichkeit, ohne Gewalt, Krieg, Krankheiten, wer weiß?«

*

Und auf einmal waren unsere Gedanken wieder im Lot. Das schwebende Glücksgefühl hier vor der Schule stellte sich wieder ein, »auch wenn es eine Schultüte leider nur einmal im Leben gibt« – eine Tatsache, mit der meine Frau nun wieder recht hatte. Aber hat der Ernst des Lebens uns nicht längst gelehrt, daß das Glück doch immer nur in wenigen Augenblicken besteht?

Kalte Seelen haben ein Gedächtnis,
fühlende die Erinnerung

Ja, du spürst es. Du spürst die Verblüffung schon in dem Augenblick, der den Worten folgt, mit denen du soeben zu einem »Treffen der Ehemaligen« eingeladen hast.

Denn am anderen Ende der Leitung entsteht für die Dauer, mit der heutzutage Skirennen entschieden werden – sagen wir einer Hundertstelsekunde –, jenes ungläubige Erstaunen, das immer da ist, wenn die Vergangenheit plötzlich anklopft und mächtig vor dir steht, ehe dann die Fragen kommen.

Wann soll das Treffen sein und wo? Wer hat schon zugesagt? Wer wird erwartet? Was, siebzig Ehemalige? Leben denn noch so viele? Schließlich reden wir von Kollegen, die Anfang der sechziger Jahre dabei waren; inzwischen hat die Zeitmaschine hart gearbeitet.

Ein Drittel sagt spontan zu, »will auf der Matte stehen«, ein zweites Drittel sagt ab, kein Termin frei, heutzutage ein typisches Rentnerschicksal; ein drittes Drittel muß noch prüfen, läßt sich ein Schlupfloch frei. »Ein Abend der Grauhaarigen ist eigentlich nicht das, was ich mir auf meine alten Tage wünsche – andererseits…«

Andererseits ist da nämlich dieses Aphrodisiakum unseres Lebens, dieser Motor der unendlichen Neugier, diese Sehnsucht, das Koordinationssystem des

eigenen Lebens immer neu zu justieren, indem man
es mit dem Leben der anderen vergleicht. Welche
Maßstäbe haben wir denn sonst bei unserer Jagd
nach Leben, Sinn, Freude, nach Gesundheit, Genuß
und Glück?

*

So kommen sie angereist: Die Mitarbeiter und Ge-
geneinanderarbeiter von einst, die Freunde, die sich
aus den Augen verloren haben, die Ehrgeizigen, die
kleinen Rädchen im großen Getriebe, die immer an
den Rand Gedrängten, die Sekretärinnen, ohne die
eigentlich nichts lief. Und die Stars, die Karriere
machten, als ob das gar nichts wäre.

Die Verwunderung will nicht enden. Da ist einer,
der muß sein Gesicht angehalten haben, kaum eine
Falte mehr als damals. Ein anderer, der dir seinen Namen entgegenschleudert, sobald der erste Blickkontakt besteht, weil er Angst hat, man könnte ihn nicht
sofort wiedererkennen: Das Alter, das uns unentrinn-
bar und leise von den anderen trennt — wer kann es
verstecken?

Und wieder ein anderer, der uralte Anekdoten auf-
tischt, wie zuletzt vor dreißig Jahren, und über die
wir jetzt wieder schleppend lachen, weil wir immer
gelacht haben, wenn er lachte. Das gute, alte Ritual.

Natürlich, ein paar Pfeile werden noch abgeschos-
sen: »Die Kündigung damals, unmenschlich.« — »Mit
der Altersversorgung, da hat man mich glatt über den

Tisch gezogen.« Doch sonst nur eine fast schwelgerische Harmonie, die Erinnerung nimmt den Legenden alle Bitternis.

Daß es leider auch an solchen Abenden ein paar blitzschnelle Begegnungen gibt, sei nicht verschwiegen. »Wie geht's, alles gut überstanden?« – »Ja, danke, man lebt.« Aus, vorbei.

*

Kalte Seelen haben ein Gedächtnis, die fühlenden Seelen aber haben die Erinnerung. Ein weises Wort und zugleich wohl der Schlüssel für den Zauber, dem sich selbst Zyniker nicht entziehen können, sind sie erst einmal eingetaucht in dieses wunderbare »Weißt du noch?«.

Um Mitternacht, schon in der Garderobe, höre ich noch den Klageruf eines Ehemaligen: »Grausam, die dreißig Jahre sind hin wie nichts.«

Worauf ein anderer ihm querkant die Erkenntnis mitteilt, die er an diesem Abend für sich gewonnen hat und die er als Beute mit nach Hause nehmen wird: »Mensch, hör auf zu jammern. Es war doch toll zu sehen, daß wir alle noch auf der Bühne des Lebens herumturnen. Nach dreißig Jahren! Das ist doch großartig, das ist doch die wahre Karriere gewesen, nicht wahr?«

Er hat recht. Keine weiteren Fragen zu diesem erquicklichen Abend.

Ältere Menschen, schöne
Füße und die Werbung

Der Vorstand einer großen amerikanischen Schuhfabrik konsultiere den wohl genialsten Werbefachmann, den diese heiße Branche je gesehen hat: den Wiener Dr. Ernest Dichter. (»Nomen est omen« trifft in diesem Fall allerdings nicht zu, weil er in der Welt der knallharten Geschäfte lebte und nicht im Universum der Poesie.)

»Was sollen wir machen, um mehr Schuhe zu verkaufen?« So lautete die Frage an den Meister der Motivationsforschung, der auch sofort antwortete: »Meine Herren, es fängt damit an, daß man Frauen keine Schuhe verkauft. Frauen verkauft man schöne Füße.«

Diese Erkenntnis, vor Jahrzehnten völlig neu, gehört inzwischen längst zum Waffenarsenal aller Werbekünstler – weshalb wir in Kaufhäusern sogenannte »Erlebniswelten« betreten, was wir an den Grabbeltischen manchmal glatt vergessen.

Aus dieser Branche, die so sensibel ist, kommen immer wieder neue Nachrichten. Da las ich vor einiger Zeit, daß die Werbefachleute, die schnellen Jungs von den Ablegern der Madison Avenue, N.Y., ein Versäumnis eingestehen, das sie sofort korrigieren müssen: Die Werbung hat, so die alarmierende Analyse, die ältere Generation sträflich vernachlässigt, was man am schnellsten an sinkenden Umsatzzahlen ablesen kann.

Die »Oldies« sind, nach ihrer Definition, all jene, welche die Fünfzig überschritten haben, was darauf schließen läßt, daß die Werbeleute doch noch einen Nachhilfekursus in Biologie nehmen – oder sich mal im Ferienflieger nach Mallorca umschauen sollten.

Ich jedenfalls sehe ganze Armeen von freizeitfröhlichen vitalen Sechzigern, die frustrierte Vierzigjährige glatt in die Tasche – was sage ich? –, in die Westentasche stecken könnten.

Aber ich gestehe: Man braucht statistische Mittelwerte in Größenordnungen, an denen man sich orientieren, und »Zielgruppen«, auf die man schießen kann.

Bei der Jagd nach der Jugend hat man in den letzten Jahren die »Kukidents«, wie die Älteren zuweilen zynisch genannt werden, glatt übersehen und sicher manches Werbepulver verschossen.

Zumal wir ja alle um die Macht und Ohnmacht der Werbung wissen, die der amerikanische Warenhauskönig John Wanamaker mit diesem Stoßseufzer treffend beschrieben hat: »Ich weiß, daß fünfzig Prozent meiner Werbung zum Fenster hinausgeworfen werden, ich weiß nur nie, welche fünfzig Prozent.«

Nun also heißt es: Zurück, marsch, marsch! Hin zu den Älteren, die ein durchschnittlich frei verfügbares Pro-Kopf-Einkommen von monatlich rund sechshunderfünfzig Mark haben, rund hundertfünfzig Mark mehr als die Jüngeren.

Und da immer häufiger von der Erbengeneration berichtet wird, die sich in die Luxussessel der Langstreckenjets lümmelt, während die Oldies sich hinten in die schmalen Sitze zwängen, droht auch hier wie überall sonst die Wende: Opa fliegt jetzt erster Klasse und haut das Geld selbst zum Kabinenfenster raus.

Die Studie warnt nur davor, sich den älteren Herrschaften in den Texten mit Begriffen wie »Senioren« oder gar »Lebensabend« zu nähern, wenn die Werbebotschaft ankommen – und der anschließende Griff in die Geldbörse funktionieren soll.

*

Merke: Auch ältere Menschen wollen umworben sein und schöne Füße haben.

Und: Sie verdienen überhaupt ein bißchen mehr Respekt...

Das Zeitmaß der Mutter Teresa

Im Laufe eines Jahres hören wir viele Geschichten, traurige, heitere, besinnliche, viele tausend Geschichten mit Millionen Facetten. Das Leben spiegelt sich in ihnen wie in einem Kaleidoskop. Und wenn wir auch mit den Augen lesen und den Ohren hören, so ist es doch allein unsere Seele, die darüber entscheidet, was wir von alldem vergessen – und was wir im Gedächtnis behalten.

In diesem Sinn gehört für mich die folgende kleine Geschichte zu den wichtigsten der vergangenen Jahre.

*

Eine junge Frau, die mit ihrer Mutter nach Indien geflogen war, durchstreifte das traumhafte Land, suchte die glanzvollen Bilder aus den touristischen Prospekten, aber auch die verschwiegenen Pfade für Kenner.

Es war eine wunderbare Mutter-Tochter-Reise, bis auf einen Punkt: Immer wieder wurde die junge Frau beim Anblick der vielen bezaubernden Kinder schmerzhaft daran erinnert, daß das Schicksal ihr eigene Kinder verwehrte. Die Diagnose ihres Arztes war eindeutig.

Die Reise in die Ferne, hinein in den September,

sollte aus diesem Grund zu einer Reise des Vergessens werden. Ablenkung, Trost, so hatte es ihre Mutter gewollt, darum hatte sie die Tochter eingeladen.

Der Zufall, der in Wahrheit Schicksal ist, schenkte der Tochter in einem Heim für Waisenkinder am Rand von Kalkutta, der Endstation, die Begegnung mit einem Kind, in das sie sich heillos verliebte.

Sie beschloß sekundenschnell, das etwa dreijährige Mädchen zu adoptieren.

Es würde einfach sein und schnellgehen, das Kind war ja schon zur Adoption freigegeben, wie es so verräterisch in der Behördensprache heißt. Die junge Frau sah sich mit diesem Kind schon zu Hause – und freute sich grenzenlos in Erwartung des unverhofften Glücks.

Ein weiterer Zufall wollte es, daß ihre Mutter mit dem »Engel von Kalkutta«, der Mutter Teresa, befreundet war. Und schließlich war da die Einladung zum Tee am Nachmittag jenes Tages, an dem sie morgens das kleine Kind spontan in ihr Herz geschlossen hatte.

Es müßte doch mit dem Teufel zugehen, wenn sich bürokratische Hürden mit Hilfe dieser weltbekannten Frau nicht nehmen ließen.

Und so wuchs ihre Hoffnung, in einigen Tagen mit dem Kind heimwärts zu fliegen, von Minute zu Minute, zumal Mutter Teresa keinen Zweifel an den materiellen Möglichkeiten der zukünftigen Adoptiveltern und an der Liebe der jungen Frau zu dem Kind hegte.

Und dann kam wie ein Schicksalsschlag die Minute der Enttäuschung. Die junge Frau hörte die Stimme der Mutter Teresa plötzlich nur noch wie aus einer ganz weiten Ferne.

»Dann werden Sie also im Mai wiederkommen, um das Kind zu holen.«

Ein langes Schweigen.

»Warum erst im Mai, warum nicht jetzt?«

Wieder ein langes Schweigen, bis Mutter Teresa die Begründung lieferte: »Weil erst im April neun Monate vergangen sein werden, so lange, wie jede Mutter braucht, bis sie ihr Kind endlich in den Armen hält.«

*

Von allen Geschichten, die mir von Freunden und Fremden erzählt wurden, will ich diese ins neue Jahr mit hineinnehmen. Weil die weise Mutter Teresa uns genau das lehrt, was in unserer Welt der oft grausamen Beschleunigung allen Geschehens so wichtig und so selten geworden ist: das richtige Zeitmaß bei allem nicht zu vergessen.

Wenn es in der Messe klingelt...

Sonntag morgen in Golfo Paradiso. Die Gläubigen treten in das Gotteshaus. Sie haben sich herausgeputzt. Wir sind in Italien, und wir sind in einer kleinen Gemeinde, in der einer auf den anderen schaut. Da macht man sich fein, wenn die Glocken zur Messe rufen. Da gibt man der Kirche, was der Kirche gebührt. Da ist die Welt noch in Ordnung – denkt man.

Orgelmusik, Schweigen. Der Priester tritt vor den Altar. Gleich wird er von Johannes auf Patmos erzählen, die heiligen Legenden beschwören. Die Menschen verharren mucksmäuschenstill in ihren Bänken.

Da passiert es. Ein Handy klingelt. Ein Handy, das der Priester oben auf dem Altar deponiert hatte. Ein technisches »Teufelswerkzeug«, wie später einer der erbosten Kirchenbesucher sagen wird, durchschneidet mit seinen schrillen Tönen den sakralen Raum.

Der Priester greift sofort wie hypnotisiert zum Handy und führt es ans Ohr. Die Gemeinde wartet. Eine Minute, zwei Minuten, drei Minuten. Der Priester spricht »seelenruhig« mit dem Anrufer.

Es ist unglaublich: Er hört gar nicht wieder auf zu reden, scheint von dem Wunderding so fasziniert zu sein, daß er vergißt, daß hundert Menschen da unten im Kirchenschiff warten.

Was ist das biblische Wunder, von dem er gerade erzählen wollte, gegenüber dem technischen Wunder, das sich hier vor aller Augen und Ohren vollzieht?

Die entrüsteten Gläubigen beschwerten sich später – und der Priester, so wird von den Nachrichtenagenturen gemeldet, mußte eine Ermahnung einstecken. Die Tatsache, daß fast alle Zeitungen über diesen Vorgang berichtet haben, beweist eines: Es gibt eine zunehmende Handy-Sensibilität, die nach dem Motto »Wehret den Anfängen« funktioniert.

So wird fast gleichzeitig aus dem Land der unbegrenzten Möglichkeiten berichtet, daß man dort in Lokalen die Handy-Willkür eingrenzen und handyfreie Zonen einrichten will. Nachdem schon die Raucher in die dunklen Nebenräume verbannt wurden, sind nun die Handy-Benutzer dran, da sie sich zu einer neuen Plage entwickeln werden, wenn ihnen nicht bald dämmert, daß das Handy auf Dauer nur trendy sein kann, wenn seine Benutzung mit einem Mindestmaß von Rücksichtnahme und Höflichkeit verbunden ist.

Wir erleben wieder einmal, daß der Mensch moralisch überfordert wird, sobald ihm die Technik neue Möglichkeiten zur Verfügung stellt.

Sicher, eine gestörte Christmesse, ein Klingeln in der Hosentasche, während im Konzertsaal ein Adagio erklingt, ein Geplapper und Geschnatter in Wartesälen, ob beim Arzt oder im Flughafen – all das ist noch »kein Beinbruch«. Es ist nur taktlos und lästig, im schlimmsten Fall auch schon mal lebensgefährlich, sobald nämlich Autofahrer am Steuer mit dem Handy herumfuchteln, während sie zum Überholen ansetzen.

Natürlich sind Nutzen und Magie des Handys (auch als Statussymbol!) unbestritten. Was früher die flachen Managerköfferchen waren (in denen dann oft statt Akten doch nur der *Playboy* lag), das sind heute die Handys.

Auch wenn sie oft nur dazu dienen, eine Verspätung mitzuteilen: »Nicht traurig sein, Schätzchen, ich hab' noch im Büro zu tun.« Dabei ist der Mann schon im Treppenhaus, das zur Freundin führt.

Ja, das Handy – Freund und Helfer in allen Lebenslagen – hat es in sich, obwohl es so klitzeklein ist.

Der Christbaum –
Abschied von einem Superstar

Lieber Christbaum, ich habe ein schlechtes Gewissen, darum schreibe ich. Ich schaute vor ein paar Tagen auf den Kalender, es war erst der 3. Januar, und ich hörte, wie meine Frau sagte: »Jetzt muß er wohl raus!« Sie fügte zwar noch ein knappes »eigentlich schade« an, aber das war es dann.

Mir erschien der Abschied zu früh. Das muß mit meiner Kindheit zu tun haben, denn meine Mutter feierte am 9. Januar ihren Geburtstag. Deshalb gab es bei uns »Weihnachten satt«, und sogar am 9. Januar erstrahlten noch einmal alle Lichter, phantastisch.

Ganz anders heute. Beobachten wir nicht alle, daß die Brenndauer der Kerzen und unserer weihnachtlichen Gefühle von Jahr zu Jahr kürzer wird?

Ich gestehe: Ich weiß nicht, wohin mit Dir. Wir haben Dich auf dem Balkon »zwischengelagert«, wobei der Abschiedsschmerz durchaus zu spüren war: Du hast genadelt wie schwer krank, sicher war jede Nadel eine Träne, wie sollen sich Bäume auch anders bemerkbar machen?

Wenn ich Dich jetzt auf dem Balkon so nackt und frierend stehen sehe, muß ich gleichwohl ein Kompliment loswerden: Du siehst auch ohne Lametta und bunte Kugeln wunderbar aus. Wir haben Dich ja auch erst am dritten Verkaufsstand entdeckt. Die anderen Bäume waren uns überall zu klein, zu groß, zu krumm, zu schief, zu mickrig.

Nur einmal wären wir beinahe schwach geworden: Da stand eine herrliche Tanne, die hatte oben eine Gabel mit zwei Spitzen. Die Tanne schien zu bitten: Nehmt mich mit, ich bin doch sonst ganz passabel gewachsen.

Und meine Frau war auch schon zum Kauf bereit, aber ich dachte an den glitzernden Stern auf der Tannenspitze, der seit Jahrzehnten zur Familientradition gehört, und da hätte es mit zwei Spitzen Probleme gegeben.

Ich hoffe, beschämt von meinem Egoismus, nur eines: daß dieser von uns verschmähte Baum nicht erst am Heiligen Abend verramscht wurde, sondern schon vorher glücklich in einer warmen Stube landete.

*

Es heißt ja, daß man mit Blumen sprechen kann, daß sie auf Zuspruch und Liebe reagieren – wie mag es da mit Bäumen sein?

So würde ich gern wissen, ob sie sich, sobald die Holzfäller nahen, untereinander darüber verständigen, was für ein Schicksal ihnen bevorsteht. Ob sie jubeln: Endlich raus aus der Kälte, der Einsamkeit, dem Schweigen der Wälder – hin zu den Menschen.

Lieber Christbaum, Du bist für einige Tage bei uns der Superstar gewesen, selbst der signierte Chagall verblaßte vor Deiner Schönheit. Besucher lobten lauthals: »Welch ein Baum, und wie wunderbar geschmückt!«

Niemand weiß, ob diese Komplimente echt oder falsch waren. Weihnachten ist viel Schmeichelei erlaubt, und jeder glaubt, er schmücke seinen Baum schöner als alle anderen. Und dabei spielt die Höhe keine Rolle. »Auch kleine Bäume können ganz groß sein, wenn nur das richtige Geschenk darunter liegt«, sagte einmal eine Freundin zu mir.

So materialistisch denken wir nicht: Du erstrahlst vor allem für unsere Seele. Daß die Gans in der Küche brutzelt oder der Karpfen im Kochtopf schwimmt, liegt nicht in Deiner Verantwortung. Du wartest schön und vornehm im Wohnzimmer bis zu Deinem großen Augenblick am 24. Dezember.

*

Und nun ist aller Zauber schon wieder vorbei. Nun bleibt nur noch eine Sorge – Deine »Entsorgung«.

Ob Fichte, Kiefer oder Nordmanntanne – am Ende bleibt nur die Erinnerung. Aber unter uns gesagt: Warum soll es Euch Bäumen da besser gehen als uns Menschen? Was bleibt denn uns?

Die Sehnsucht nach Silentium

Endlich wieder einmal in Rom. Ewigkeiten ist es her, seit ich in dieser Stadt sein durfte. Die Sehnsucht, ihre Schönheiten erneut zu entdecken, hatte nur geschlummert, sie war nie gebändigt. Sicher reicht ein Menschenleben nicht aus, diese Stadt ganz für sich zu erobern. Wie soll es erst ein Touristenleben schaffen?

Und dann eines Tages, da hat eine innere Stimme gesagt: Fahr wieder hin! Es gibt nur wenige Ziele, die eine solche magische Anziehungskraft ausüben – für die einen ist es das pulsierende New York, für andere Shopping in Hongkong, für wieder andere ist es London, Paris oder die Schicksalsstadt Berlin.

Und für viele – für zu viele? – ist es Rom, wie ich schon beim ersten Bummel durch die Straßen merke. Allein die aus Fernost eingeflogene Touristen-Armada übertrifft alles, was ich bisher sah.

*

Drei Tage, nur drei Tage Rom, was können sie dir geben, was keine andere Stadt vermag? Sicher, da sind die altbekannten Trümpfe. Da gibt es selbst in der kleinsten Trattoria noch immer die köstlichste Küche. Da zeigt sich eine hinreißende Mode, die nicht nur verkauft, die auch zur Augenfreude getragen wird. Da spiegelt sich in den Gesichtern der Römerinnen und Römer eine freundliche Heiterkeit, die von der Sonne und dem Himmelsblau kommen muß.

Und dann gibt es zwischen den sieben Hügeln dieser Stadt die Klassiker, ob Vatikan, Engelsburg, Pantheon oder Kirchen wie S. Maria Maggiore, über deren Eingangspforte das eingemeißelt ist, was wie ein Schlüsselwort für alles steht, was du staunend besichtigst: Silentium.

Ja, es ist eben auch diese gottesnahe Ruhe, die wir in dem ohrenbetäubenden Lärm einer von knatternden Motorrollern verseuchten Stadt suchen und für uns erhoffen. Und: Es gibt sie!

Du spürst diese Ruhe, wenn du vor Säulen stehst, die über zweitausend Jahre lang der menschlichen Zerstörungswut trotzten, wenn dich auf dem Forum Romanum, wo einst Cicero und Caesar wandelten, zwischen Tempelruinen das Gefühl überwältigt, daß unser menschliches Leben, und mag es noch so groß sein, der Vergänglichkeit preisgegeben ist.

Diese Sehnsucht nach Silentium ist tief in uns Menschen verankert, mag sie sich noch so sehr als Neugier tarnen. Und so pilgern Tausende in den Petersdom, eine Fülle schon frühmorgens, die erdrückt, die mich zurückschrecken läßt.

Aber dann gehe ich doch! Und ich denke: Es muß eine verwandelnde Kraft von dieser Kirche ausgehen. Es kann nicht sein, daß die Menschen aus diesem

Gottesraum so herausgehen, wie sie hineingingen. Wenigstens für Augenblicke werden sie gespürt haben, was auch ich spüre: daß hier die Ruhelosigkeiten dieser oft künstlich aufgeregten Welt draußen bleiben.

Wir müssen in unserer Begeisterung gar nicht so weit gehen wie unser Dichterfürst Johann Wolfgang von Goethe, der seine Ankunft in Rom als einen zweiten Geburtstag, ja, als wahre Wiedergeburt empfunden hatte, der sogar gegenüber seinem Verleger Johann Friedrich Unger im Überschwang des Abschiedsschmerzes bekannte, hier in Rom tot zu liegen wäre unendlich schöner als in Deutschland zu leben, und der – gegenüber Eckermann – sagte, erst in Rom habe er überhaupt empfunden, was ein Mensch sei.

*

Aber daß auch wir, die wir nicht mit der Kutsche, sondern mit dem Jet anreisen, hin und wieder eine Majestät spüren wollen, die uns zwingt, unser kleines Leben in einen größeren Zusammenhang zu stellen, das ist eine beglückende Tatsache, das macht uns Gegenwartsmenschen die Ewige Stadt mit ihren steinernen Zeugen so unwiderstehlich. Wo denn sonst können wir so gut wie hier auf den Grund unseres Lebens blicken, wo spüren wir so stark wie hier das Glück, auf dieser Welt zu sein?

Bitte beachten Sie
die folgenden Seiten

PETER BACHÉR

Eine Woche Sonnenschein

WAS IMMER WIEDER
FREUDE MACHT

Peter Bachér

Eine Woche Sonnenschein
Was immer wieder Freude
macht
160 Seiten
Ullstein Taschenbuch 23705

**Das Glück, auf dieser Welt
zu sein**
Besinnliche Geschichten
160 Seiten
Ullstein Taschenbuch 24145

**Heute ist Sonntag/
Und wieder ist Sonntag**
320 Seiten
Ullstein Taschenbuch 24088

**Laß uns wieder von der
Liebe reden**
Augenblicke, die man nicht
vergißt
160 Seiten, 3 Illustrationen
Ullstein Taschenbuch 20095

**Laß uns wieder von der
Liebe reden/
Trotz allem glücklich sein**
322 Seiten
Ullstein Taschenbuch 23677

Trotz allem glücklich sein
Wofür zu leben lohnt
160 Seiten
Ullstein Taschenbuch 20443

Und wieder ist Sonntag
Vom Glück des Augenblicks
160 Seiten
Ullstein Taschenbuch 23378

Ullstein Taschenbuch

PETER BACHÉR
Momente
der **Nähe**

BEGEGNUNGEN

ULLSTEIN

Peter Bachér
Momente der Nähe
Begegnungen
192 Seiten, gebunden
Ullstein

Feinfühligkeit und präzise
Beobachtungsgabe
kennzeichnen die Schriften
Peter Bachérs.
Dreißig stimmungsvolle
Porträts von prominenten
Persönlichkeiten entstanden
in Gesprächen mit
Marianne von Weizsäcker,
Hannelore Kohl,
Friede Springer,
Heiner Geißler,
Thomas Gottschalk,
Kardinal Joachim Meisner,
Heinz Rühmann,
Horst Tappert,
Simon Wiesenthal u.v.a.

Ullstein